Barbara Barkhausen

AUSTRALIEN

NEW SOUTH WALES MIT SYDNEY

50 Highlights abseits der ausgetretenen Pfade

360° medien

IMPRESSUM

Australien – New South Wales mit Sydney
50 Highlights abseits der ausgetretenen Pfade
Barbara Barkhausen

Bibliografische Information der Deutschen Bibliothek
Die Deutsche Bibliothek verzeichnet diese Publikation in der deutschen Nationalbibliografie. Detaillierte bibliografische Daten sind im Internet über portal.dnb.de abrufbar.

Redaktion und Lektorat: Christine Walter

Satz und Layout: Serpil Sevim-Haase, Lucas Walter

Gedruckt und gebunden:
Himmer GmbH Druckerei & Verlag | Steinerne Furt 95 | 86167 Augsburg
www.himmer.de

Bildnachweis: siehe Seite 232

ISBN: 978-3-947164-77-6
Hergestellt in Deutschland

www.360grad-medien.de

Barbara Barkhausen

AUSTRALIEN

NEW SOUTH WALES MIT SYDNEY

50 Highlights abseits der ausgetretenen Pfade

360° medien

Vorwort

Australien hat einen besonderen Platz in meinem Herzen. Während ich dies tippe, feiern wir gerade den Start unseres 17. Jahres hier down under. Nirgendwo könnten die Gegensätze größer sein – zwischen dem brütendheißen Outback im Zentrum, den tropischen Regionen im Norden und den spektakulären Küsten, die sich nicht zuletzt auch im Bundesstaat New South Wales befinden.

Genau um diesen Bundesstaat geht es in diesem Reiseführer, in dem ich nicht an erster Stelle die typischen Sehenswürdigkeiten abhandeln möchte, sondern versuchen möchte, Sie auch mal abseits der abgetretenen Pfade zu führen.

Nur New South Wales, mögen Sie sich jetzt fragen? Ist das nicht ein wenig zu wenig für einen Reiseführer? Doch vergessen Sie dabei nicht, dass in Australien völlig andere Dimensionen herrschen als in Europa: Australien mag mit seiner Fläche von rund 7,69 Millionen Quadratkilometern der kleinste Kontinent sein, doch der Inselstaat ist rund 21 Mal größer als Deutschland, 91 Mal größer als Österreich und 186 Mal größer als die Schweiz. Der im Osten gelegene Bundesstaat New South Wales, der ein mildes Klima hat und ganzjährig ein schönes Reiseziel ist, ist dabei immer noch mehr als zweimal so groß wie Deutschland. Hier befindet sich mit Sydney nicht nur die älteste europäische Siedlung des Landes, hier drängen sich mit fast acht Millionen auch die meisten Menschen zusammen.

Der Name New South Wales stammt übrigens aus Aufzeichnungen von Kapitän James Cook, der 1770 die Ostküste Australiens entlang segelte und die Region in seinem Tagebuch zunächst „New Wales" und später

„New South Wales" nannte. Offiziell starteten die Briten hier die australische Kolonie mit der Ankunft der Ersten Flotte 1788 in Sydney. Damals umfasste New South Wales noch mehr als die Hälfte des australischen Festlandes sowie Neuseeland, Lord Howe Island und Norfolk Island. Im 19. Jahrhundert wurden große Gebiete getrennt, um die britischen Kolonien von Tasmania, South Australia, Victoria, Queensland und Neuseeland zu bilden.

Heute grenzt der Staat im Norden an den Bundesstaat Queensland, im Westen an South Australia und im Süden an Victoria. Das Australian Capital Territory (ACT), in dem die australische Hauptstadt Canberra liegt, liegt mitten in New South Wales. Neben Sydney sind Newcastle und Wollongong die wichtigsten Städte.

Der Reiseführer hat eine Menge Geheimtipps parat, die nicht nur einen ersten Aufenthalt im Land „aufregender" gestalten können, sondern hoffentlich auch viele Anregungen für „Wiederholungstäter" geben, die sich außer einem Besuch am berühmten Bondi Beach vielleicht auch die Zeit nehmen wollen für das Outback, für Gärten, Höhlen oder versteckte Buchten.

Mein eigenes Zuhause liegt übrigens auch in New South Wales. Ich nenne Sydney seit 17 Jahren meine Heimat und ich wohne unweit des beliebten Strandvorortes Manly, der natürlich auch in diesem Buch nicht fehlen darf. Wer den Spit-to-Manly-Wanderweg geht, der kommt fast an meinem Haus vorbei ... und sollte dabei einiges zu sehen bekommen, was ich an Australien so besonders liebe: Die freundlichen und hilfsbereiten Menschen, die immer zum Plaudern bereit sind, die Tierwelt mit Wasseragamen, bunten Regenbogenloris, lachenden Kookaburras und frechen Kakadus, und die zahlreichen idyllischen Strände und Buchten, die Sydney zu einer der schönsten Städte machen.

Sind Sie auf den Geschmack gekommen? Dann würde ich mich freuen, Sie auf eine Reise in mein geliebtes Australien und in meine Heimat New South Wales mitnehmen zu dürfen. Ich wünsche Ihnen einen wunderschönen Urlaub in einem der schönsten Länder der Welt.

Ihre Barbara Barkhausen
Februar 2019

Inhaltsverzeichnis

Timorsee
Darwin
Northern Territory
Broome
Port Hedland
Cairns
Korallenmeer
Western Australia
Alice Springs
Queensland
Geraldton
AUSTRALIEN
South Australia
Brisbane
Perth
New South Wales
Sydney
Esperance
Adelaide
CANBERRA
ACT
Victoria
Melbourne
Indischer Ozean
Tasmanische See
Tasmania
Hobart

Korallenmeer
Queensland
AUSTRALIEN
Gold Coast
Tamworth
Broken Hill
New South Wales
Newcastle
Sydney
Mildura
Griffith
Canberra
ACT
Victoria
Albury
Bega
Tasmanische See
Melbourne
Bass-Straße
1
2
3
4
5
6
KAPITEL
1. SYDNEY
2. UMGEBUNG VON SYDNEY
3. SÜDLICHES NEW SOUTH WALES
4. NÖRDLICHES NEW SOUTH WALES
5. IM INLAND VON NEW SOUTH WALES
6. INSELN

Sydney

1. Von Bondi nach Coogee: Ultimative Klippenwanderung
2. Sydney: Auf den Spuren berühmter Architekten
3. Cremorne Point: Idyllische Halbinsel gegenüber der Sydney Opera
4. Spit to Manly Walk: Natur mitten in der Stadt
5. Ku-ring-gai Chase National Park: Der America Bay Track
6. Der Norden Sydneys: Wanderung zum Barrenjoey Lighthouse

Kunstwerk auf dem Sculptures by the Sea Trail

6. Barrenjoey Lighthouse
Berowra
5. Ku-ring-gai Chase
National Park
Mona Vale
Wahroonga
Belrose
Frenchs Forest
Tasmanische
See
4. Spit to Manly Walk
3. Cremorne Point
North Sydney
2. Sydney
Sydney
Marrickville
1. Von Bondi nach Coogee
Maroubra

1. Von Bondi nach Coogee: Ultimative Klippenwanderung

Mit dem Bus ist man in 45 Minuten von der Innenstadt Sydneys am berühmten Bondi Beach. Wer die Massen am Strand meiden möchte, der sollte an den turmhohen Klippen entlang bis nach Coogee wandern. Der sechs Kilometer lange Weg zeigt Sydneys raue und doch so wunderschöne Seite.

Bondi ist ein Aborigine-Wort – eine Onomatopoesie, die das Geräusch der Wellen imitieren soll, wenn diese an die Klippen schlagen und dann wieder in die Tiefe des Pazifiks zurückrollen. Je wilder das Meer, umso imposantere Wellen schlagen an die Klippen, auf denen ein Wanderweg von Bondi bis zum Coogee Beach führt. Herrliche Blicke aufs Meer und die Küstenlandschaft, aber auch tropische Vegetation und Wildblumen bieten eine Menge Abwechslung auf der Wanderung.

Bondi Beach

Sculptures by the Sea

Surfer am Bondi Beach

Gute zwei Stunden sollte man für die Wanderung einplanen, die hinter dem wohl berühmtesten Meerwasser-Schwimmbad Sydneys, dem Icebergs Pool, startet. Es lohnt, einige Minuten zu stoppen und das Getummel der Einheimischen zu bestaunen, die bei fast jedem Wind und Wetter ihr Training absolvieren und manchmal von großen Wellen, die in den Pool schlagen, geduscht werden.

Von Bondi geht es in Richtung Tamarama Beach – vorbei an raffinierten Felsüberhängen und mit spektakulären Blicken auf die wilde Pazifikküste. Auf diesem ersten Stück des Wanderweges findet jedes Jahr im Oktober/November eine Ausstellung internationaler Bildhauerkunst statt: Die „Sculpture by the Sea“ ist absolut lohnenswert, doch der Wanderweg ist währenddessen dementsprechend gut besucht. Während der Ausstellung lohnt es, Wochenenden zu meiden und auch während der Woche lieber ganz früh am Morgen oder am frühen Abend zu marschieren.

Etwa 100 Meter nördlich des Surfclubs von Tamarama liegt der kleine, nur 50 Meter lange und von Felsen eingebettete MacKenzies Beach, der bei Hochwasser auch mal überspült ist. Nächster Stopp ist danach Bronte mit einem kleinen Kiosk, netten Cafés und einem Meerwasserpool. Vom Strand aus muss man hier einige Stufen hoch und ein kleines Stück der Straße entlang folgen, bis man zum berühmten Waverley Cemetery abbiegen kann. Ein erhöhter, über 500 Meter langer *boardwalk* führt an dem Friedhof aus dem Jahr 1877 und seinen vielen Gräbern aus der viktorianischen und edwardianischen Epoche vorbei, eine irgendwie skurrile und dabei doch irreal schöne Kulisse. Einige berühmte Australier wie die Dichter Henry Kendall und Henry Lawson haben auf dem Friedhof ihre letzte Ruhestätte gefunden.

Ein kleiner Geheimtipp ist der idyllische Clovelly Beach, eine ruhige Bucht, in der man ähnlich wie in der Gordons Bay gleich nebenan bei warmem Wetter baden oder schnorcheln kann. In der Gordons Bay gibt es beispielsweise einen Underwater Nature Trail, einen etwa einen halben Kilometer langen Unterwasser-Pfad, bei dem im Meer gespannte Ketten den Weg weisen.

Von der Gordons Bay ist es dann nicht mehr weit bis zum Endpunkt der Wanderung – dem Coogee Beach, der ähnlich wie Bondi eine Promenade mit einigen historischen Gebäuden, Cafés und Modeboutiquen hat. Die nur wenige hundert Meter vom Strand entfernte Wedding Cake Island (die angeblich an eine Hochzeitstorte erinnern soll) ist einst in einem Lied der australischen Rockband Midnight Oil berühmt geworden. Vom Coogee Beach aus kann man einfach mit dem Bus wieder in die Innenstadt fahren.

Waverly Cemetery

Info

Lage: Der Wanderweg ist südöstlich von Sydney gelegen, rund 45 Min. mit dem Bus oder 30 Min. mit dem Auto von der Innenstadt entfernt. Eine Wanderkarte findet sich unter: www.bonditocoogeewalk.com/bondi-coogee-walk-map.html

Anfahrt: Der Weg kann von Bondi aus bestritten werden oder anders herum von Coogee aus. Beide Orte sind leicht mit öffentlichen Verkehrsmitteln von der Innenstadt aus erreichbar.

- Mit dem Bus von der Innenstadt: Busse gehen vom städtischen Fähranleger Circular Quay (Alfred Street). Mögliche Busverbindungen zum Bondi Beach sind die Nummern 333, 380 und 389 (North Bondi). Von Coogee zurück kann man die Nummern 372, 373 und 374 nehmen. Aktuelle Verbindungen unter transportnsw.info

Öffnungszeiten: täglich rund um die Uhr

Eintritt: Gratis

Achtung: Der Weg ist nicht schwierig, aber gute Wanderschuhe, Wasser und Sonnenschutz (Sonnencreme und Hut) sind Pflicht. Mehrere Strände laden zum Baden oder Surfen ein, doch die Gefahr von Strömungen sollte nicht unterschätzt werden: Bitte stets nur zwischen den Flaggen schwimmen und auf Warnschilder achten! Wer kein sicherer Schwimmer ist, kann in den Meerwasserpools schwimmen, die es an vielen Stränden gibt.

Aktivitäten:

- Bondi Beach ist für seine Rettungsschwimmer bekannt, die bei einer beliebten Realityshow im Fernsehen mitmachen. Den Damen und Herren in ihrem Häuschen am Strand einen Besuch abzustatten, mit ihnen zu plaudern und ein Foto zu machen – gehört zu einem Strandbesuch unbedingt dazu. Mutige können sich auch in die Wellen stürzen und surfen – wer allerdings nicht genug Erfahrung hat, sollte sich eine Surfstunde gönnen. *Let's go surfing*, Surfschule, 128 Ramsgate Avenue, Bondi Beach, NSW 2026, Tel: +61 2 9365 1800, letsgosurfing.com.au
- Bondis Skulpturenausstellung findet jeden Oktober/November statt: *Sculpture by the Sea*, Bondi to Tamarama Coastal Walk, Tel: +61 2 8399 0233, www.sculpturebythesea.com

Unterkünfte:

In Bondi:

- *Bondi Beach House*, kleines Gästehaus in Strandnähe. 28 Sir Thomas Mitchell Road, Bondi Beach, NSW 2026, Tel: +61 2 9300 0369, E-Mail: mail@bondibeachhouse.com.au, www.bondibeachhouse.com.au

Auf dem Weg nach Bondi:

- *Arts Hotel*, 21 Oxford Street, Paddington, NSW 2021, Tel: +61 2 9361 0211, E-Mail: res@artshotel.com.au, artshotel.com.au

2. Sydney: Auf den Spuren berühmter Architekten

Eine Stadterkundung der anderen Art: Wer die historischen Gebäude in den Rocks, der Macquarie Street und der George Street in Sydney abgehakt hat, der kann sich einige Stunden moderner Architektur gönnen: Von Utzons Opera House über Seidlers MLC Centre und Ingenhovens 1 Bligh Street, bis hin zu Gehrys „Papiertüte" und Nouvels One Central Park.

Obwohl Sydney eine junge Metropole ist, hat sie ausreichend historische Gebäude zu bieten. Im Schatten der imposanten Harbour Bridge liegt das historische Viertel der Rocks, wo sich einst die Sträflinge der ersten Flotte ansiedelten. In der Macquarie Street reihen sich Government House, das Sydney Conservatorium of Music, die Staatsbibliothek, das Parlament von New South Wales, das Sydney Hospital, die Mint (das älteste öffentliche Gebäude), die Hyde Park Barracks (ein Museum für Sozialgeschichte)

Government House

Buntglasfenster im Queen Victoria Building

und die St James' Church aneinander. Auch die St Mary's Cathedral – Ende des 19. Jahrhunderts im neugotischen Stil erbaut – lohnt einen Besuch wie auch das Rathaus, die St Andrew's Cathedral und das berühmte Queen Victoria Building in der George Street. Vor allem für Letzteres sollte man mindestens eine Stunde einplanen. Denn neben edlen Geschäften besticht das Kaufhaus aus dem späten 19. Jahrhundert mit Buntglasfenstern, überdimensionalen historischen Uhren, Dioramen und Glockenspielen.

Nicht nur die historischen Gebäude sind beim Stadtrundgang jedoch einen Blick wert. Gegenüber der Harbour Bridge befindet sich das markanteste Gebäude Sydneys: die Oper. Sie ist eines der berühmtesten und meist fotografierten Bauwerke der Neuzeit. Ihr Architekt, der Däne Jørn Utzon, hat es beim Bau selbst nicht immer einfach gehabt. Kritiker verglichen die Oper, deren Dächer an die Segel einer Jacht auf dem Hafen erinnern sollen, einst mit einer „Gruppe französischer Nonnen beim Fußballspiel" und Utzon warf das Handtuch noch vor der offiziellen Eröffnung 1973. Verschwendung und zu viele Verzögerungen hatte ihm die damalige australische Regierung vorgeworfen und seine Kündigung gerne angenommen. Utzon selbst hat die Oper in vollendetem Zustand nur auf Bildern gesehen und nie in echt.

Aber auch wer tiefer in die Stadt und damit zu den Glas- und Stahlfassaden der Skyline vordringt, findet interessante Architektur. Dazu gehören der Australia Square Tower (264 George Street) sowie das MLC Centre (19 Martin Place), Hochhäuser, die der berühmte österreichisch-stämmige Architekt Harry Seidler, der in seinen Bauten unter anderem von Walter Gropius beeinflusst war, in Sydney gebaut hat. Ein weiteres kontemporäres Meisterwerk ist Nummer 1 Bligh Street – ein Büroturm, der sich komplett den Prinzipien der Nachhaltigkeit verpflichtet. Der Düsseldorfer Architekt Christoph Ingenhoven gilt als Hoffnungsträger der modernen

One Bligh Street

Die hängenden Gärten von One Central Park

Architektur. Er hat mit dem elliptisch geformten Hochhaus, einer neuartigen doppelten Fassade, die Sonnen- und Blendschutz zugleich bietet, mit großen Dachterrassen und einem grünen Sky-Garten ein Vorbild nachhaltiger Architektur geschaffen.

Ein weiteres sehenswertes Hochhaus ist das One Central Park (28 Broadway, Chippendale) in Sydney, das der französische Architekt Jean Nouvel gebaut hat. Das Luxus-Hochhaus will mit Wohnkomfort, Design und Energieeffizienz das Wohnen des 21. Jahrhunderts verkörpern. Das Apartmenthaus besteht aus zwei Türmen, die über einen Block mit Geschäften und Restaurants verbunden sind. Aus der Ferne betrachtet wirkt das One Central zunächst grotesk. Ein wenig erinnert die Silhouette an die hängenden Gärten der Semiramis in Babylon, denn neben unzähligen Balkonen und einer vertikal begrünten Hochhaus-Wand bricht aus dem höheren Turm eine monumentale Auskragung heraus, an der ein Lichtspiel des französischen Künstlers Yann Kersale integriert ist, das den Komplex nachts farbig beleuchtet.

Ebenfalls am südlichen Ende von Sydneys Innenstadt befindet sich Frank Gehrys schönste, zusammengeknautschte „Papiertüte"

Erlebe die Faszination Australiens
Australia Travelteam
Individualreisen vom Spezialisten
Wohnmobile – Mietwagen und deutsche Kleingruppenreisen
Australia Travelteam
35 Jahre Erfahrung
08142-58 00 31
www.australia-travelteam.com
info@australia-travelteam.com
Karwendelstr. 1 | 82194 Gröbenzell

der Welt, wie die Australier das Gebäude nennen, in dem heute ein Teil der Technischen Universität (UTS) ist (14-28 Ultimo Road, Ultimo). Ein wenig scheint es, als habe Gehry – der wohl berühmteste lebende Architekt der Welt – die Regeln der Statik missachtet, wallende Wände knicken plötzlich ein, um sich an anderer Stelle wieder aufzurichten. 320.000 Ziegelsteine mussten per Hand verlegt werden, um den gewünschten, abgerundeten Effekt zu erreichen.

Frank Gehrys „Papiertüte"

Info

Lage: Alle genannten Gebäude befinden sich in der Innenstadt von Sydney oder an ihrem südlichen Rand in den Stadtteilen Ultimo und Chippendale.

Anfahrt: Die genannten historischen Gebäude, die Oper, der Australia Square Tower, das MLC Centre und auch Number 1 Bligh Street lassen sich alle zu Fuß vom Circular Quay aus erreichen. Das One Central Park und auch das UTS-Gebäude kann man per Bus oder Zug von der Innenstadt erreichen (Bus 412 von der Strand-Arcade, eine weitere sehenswerte historische Mall/Einkaufszentrum an der George Street) oder auch per Zug (Central Station).

Öffnungszeiten: Für die meisten Gebäude lohnt ein Besuch während des Tages, doch die Oper und auch One Central Park sind auch am Abend eindrucksvoll.

Eintritt: Gratis. In der Oper wird aber auch eine geführte Tour angeboten. Diese lohnenswerte, einstündige Führung kostet ab 40 AUD pro Person.

Aktivitäten: An der Oper bietet sich am Abend ein Besuch der beliebten Opera Bar (Macquarie Street, direkt unterhalb der Oper am Meer) an, während die Spice Alley in der Kensington Street in Chippendale direkt hinter dem One Central Park tagsüber wie auch am Abend einen Besuch wert ist. In der Spice Alley gibt es eine bunte Auswahl asiatischer Gerichte – von Ständen, die ein wenig an asiatisches Streetfood erinnern (Vorsicht, hier kann man nur mit Kreditkarte zahlen, kein Bargeld).

Unterkünfte:

- In der Nähe der Oper:
  InterContinental Sydney, elegantes Hotel in bester Lage, 117 Macquarie Street, Sydney, NSW 2000, Tel: + 61 2 9253 9000, E-Mail: sydney@interconsydney.com, www.icsydney.com.au
- Im historischen Viertel der Rocks:
  The Rendezvous Hotel, in guter Lage im historischen Viertel der Rocks, Zimmer mit Blick auf die Oper, 75 Harrington Street, Sydney, NSW 2000, Tel: +61 2 9251 6711, E-Mail: reservations.sydneytr@rendezvoushotels.com.au, www.rendezvoushotels.com
- In der Nähe des One Central Park:
  The Old Clare Hotel, historisches Hotel mit modernem Charme, ideal für Architekturfans, 1 Kensington Street, Chippendale, NSW 2008, Tel: +61 2 8277 8277, E-Mail: email@theoldclarehotel.com.au, www.theoldclarehotel.com.au

3. Cremorne Point: Idyllische Halbinsel gegenüber der Sydney Opera

Schräg gegenüber der Oper, nur eine zehnminütige Fährfahrt vom Circular Quay entfernt, befindet sich die Halbinsel Cremorne Point. Auf einem etwa drei Kilometer langen Spazierweg können Besucher den schönen Hafen Sydneys mit seinen Buchten erkunden und haben dabei einen der besten Blicke auf die Skyline der Stadt.

Die Fähre legt an.

Wer Sydney besucht, der sollte unbedingt mit den altmodischen Fähren den Hafen erkunden und sich die Stadt von der Wasserseite aus anschauen. Die Fähren bringen Besucher auch auf die Nordseite der Stadt, die Lower North Shore, wo sich nicht nur der berühmte Taronga Zoo, sondern auch der teure Stadtteil Mosman mit seinen vielen edlen Villen befindet. Direkt nebenan bietet sich vor allem die Halbinsel Cremorne Point mit ihren vielen historischen Häusern und einer idyllischen Parklandschaft am Meer für einen etwa zweistündigen Besuch an.

Cremorne Point ist nur sechs Kilometer von der Innenstadt entfernt. Seinen Namen erhielt der Stadtteil von den Cremorne Gardens, einem einstigen Vergnügungspark im 19. Jahrhundert. Cremorne Point ist eine zehnminütige Fährfahrt vom Circular Quay entfernt – der erste Stopp der Mosman-Fähre. Auf der Halbinsel, die wie ein ausgestreckter Finger in den Hafen hineinragt, führt ein etwa drei Kilometer langer Spazierweg den Besucher auf der Stadtseite – mit herrlichen Ausblicken auf die Stadt und vor allem auf die Oper und die kleine Festungsinsel Fort Denison – sowie an der Mosman Bay entlang. An der Bucht von Mosman ist der Weg besonders idyllisch, mit exotischen Blüten und Bäumen und Ausblicken auf Segelboote, die in der geschützten Bucht ankern.

Insgesamt sollte man für den Weg etwa 90 Minuten einrechnen. Wanderer können über die schattigen Straßen (Hodgson und Bogota Avenues) am Ende der Halbinsel von einer Seite zur anderen durchstechen und den Weg damit zu einem Rundweg machen oder auch am Wasser entlang zurückgehen. In Mosman sowie in Old Cremorne an der Mosman Bay hält auch die Fähre und bringt einen zurück in die Stadt.

Auf der Stadtseite ist der Weg breiter, Grasflächen laden zum Picknicken ein, und an Silvester zelten Besucher hier oft schon die Nacht zuvor, um den besten Spot für das berühmte Feuerwerk in Sydney zu ergattern. Auf der Stadtseite befindet sich auch eines der schönsten Schwimmbäder der

Mosman Bay

Der kleine Leuchtturm an der Halbinsel

Picknick in Cremorne Point

Stadt, der Meerwasserpool MacCallum, von dem aus man seine Bahnen (33 m) mit Blick auf die Oper und die Skyline der Stadt ziehen kann. Ursprünglich wurde der Pool von dem olympischen Schwimmer Fred Lane Anfang des 20. Jahrhunderts gebaut, doch er wurde schließlich nach dem Anwohner Hugh MacCallum benannt, der sich über Jahre um das Schwimmbad gekümmert hat, das von jedermann gratis benutzt werden kann.

Direkt an der Spitze der Halbinsel und ganz in der Nähe des Fähranlegers befindet sich das Robertsons Point Lighthouse (auf diesem kleinen Abstecher sind auch eine Trinkstation, ein Toilettenhäuschen sowie ein Kinderspielplatz). Direkt über dem Leuchtturm erklärt ein Schild die einzelnen Punkte des Hafens und erinnert an die Anfänge der britischen Kolonisierung. Denn auch als Kapitän James Cook mit seinem Schiff Endeavour im April 1770 zum ersten Mal durch den Hafen segelte, nachdem er zunächst an der Botany Bay angelegt hatte, kam er an der Halbinsel Cremorne Point vorbei.

Das Robertsons Point Lighthouse ist nach einem europäischen Siedler benannt, der Anfang des 19. Jahrhunderts als einer der ersten dort Land besaß. James war der Vater von John Robertson, dem fünften Premier des

Blühende Weihnachtssterne

Bundesstaates New South Wales. Abenteuerliche können bis zum Leuchtturm hinunterklettern, doch die Stufen sind eng und uneben – Vorsicht ist also geboten.

Direkt am Fähranleger, der neu gebaut wurde, nachdem ein schwerer Sturm den alten 2007 teilweise versenkt hatte, befindet sich ein kleines Café, Sophie's Place, das nach seiner ursprünglichen französischen Besitzerin benannt ist, die in den 1990er-Jahren anfing, in Cremorne Point Kaffee zu verkaufen. Als sie 2008 nach schwerer Krankheit starb, wurde das Café ihr zu Ehren Sophie's Place genannt.

Info

Lage: Cremorne Point ist nur 6 km oder 10 Min. Fährfahrt von der Innenstadt Sydneys entfernt. Die Mosman Ferry ist ein regelmäßiger Fährservice, doch ein Besuch der Halbinsel bietet sich eher am Vormittag oder frühen Nachmittag an, wenn das kleine Café an der Fähre noch geöffnet hat.

Anfahrt:

- Mit der Mosman Ferry: Cremorne Point ist die erste Haltestelle nach dem Circular Quay.
- Mit dem Auto: In Cremorne Point kann man kostenlos 2 bis 4 Std. parken, in den etwas weiter vom Fähranleger gelegenen Straßen sogar ohne zeitliche Begrenzung.
- Von der Haltestelle Wynyard in der Stadt fahren auch die Busse 180 und 225 nach Cremorne Point. Doch die Fährfahrt ist dem definitiv vorzuziehen.

Öffnungszeiten: Immer. Der Pool schließt jedoch in regelmäßigen Abständen zur Reinigung. Wer Silvester wegen des guten Ausblicks auf das Feuerwerk dort verbringen möchte, der sollte gut vorausplanen. Für Autos ist die Halbinsel am 31.12. gesperrt, doch per Fähre ist sie gut erreichbar.

Eintritt: Gratis. Die Fährfahrt kostet pro Fahrt rund 6 AUD, der Eintritt zum Pool ist kostenlos. An Sonntagen kann man kostengünstig für 2,50 AUD Fähre fahren.

Aktivitäten: Der im Text erwähnte Meerwasserpool lädt zum Schwimmen ein und im Café am Anleger kann man auf einen Kaffee, ein kaltes Getränk oder einen Snack stoppen. Auf dem Weg sind immer wieder Bänke, in Richtung Leuchtturm an der Spitze ist linker Hand ein netter kleiner Spielplatz. Auf dem Weg lohnt es sich, die Augen nach Papageien, Kookaburras, Eulenschwalmen und Eidechsen aufzuhalten.

Unterkünfte: Wer gerne ein wenig abseits des Getümmels der Stadt wohnen will, für den bietet sich die kleine Pension Cremorne Point Manor an, die ruhig gelegen ist und dabei doch nur 10 Min. von der Stadt entfernt liegt. Die Fähre geht bis in den Abend hinein regelmäßig. Auch Busse bringen einen zu den Geschäftsstraßen der Stadtteile Cremorne und Mosman oder bis in die Stadt (siehe oben). Direkt in Cremorne Point gibt es jedoch außer dem genannten Café kein Restaurant oder Geschäft.

- *Cremorne Point Manor*, hübsche Frühstückspension, 5 Min. zu Fuß vom Fähranleger entfernt, direkt am idyllischen Cremorne Point Reserve, 6 Cremorne Road, Cremorne Point, NSW 2090, Tel: +61 2 9953 7899, E-Mail: stay@cremornepointmanor.com.au, www.cremornepointmanor.com.au

4. Spit to Manly-Walk: Natur mitten in der Stadt

Besucher trauen oftmals ihren Augen nicht: Nationalparks mitten in der Stadt! Dies ist eines der schönsten Merkmale Sydneys. Eine der lohnenswertesten Wanderungen führt in etwa drei bis vier Stunden von der Spit Bridge im Nobelvorort Mosman zum beliebten Badeort Manly.

Der Wanderweg von der Spit-Brücke im Stadtteil Mosman bis nach Manly ist ähnlich schön wie die Klippenwanderung von Bondi nach Maroubra, doch weitaus weniger bekannt. Der etwa neun Kilometer lange Wanderweg führt am herrlichen Hafen Sydneys entlang, mal gemächlich durch schön angelegte Uferlandschaften, mal etwas rauer durch Buschland, mal an imposanten Klippen entlang. Die Ausblicke auf das blaue Meer, Fähren und Boote, Klippen, blühende Bäume und Büsche machen die Strapazen der Wanderung wett.

Mitten in Sydney und doch mitten in der Natur ... Papageien und Kookaburras, Wasseragamen und vielleicht sogar mal eine Schlange lassen sich auf dem Spaziergang beobachten. Der Wanderweg startet am Ende der Spit Bridge, die den Stadtteil Mosman mit Seaforth und Clontarf verbindet. Diese ist leicht mit einem Bus erreichbar. Vom Ende der Brücke geht

Ein Kookaburra oder auf Deutsch ein lachender Hans

Wasseragame auf dem Weg

es die meiste Zeit direkt am Wasser entlang. Am North Harbour Reserve bietet ein kleines Café Erfrischungen, und am Endpunkt der Wanderung, in Manly, erwarten den Wanderer zahlreiche Cafés und Restaurants. Von Manly aus – dem Ort, dem gerne nachgesagt wird, dass er sieben Meilen von der Stadt entfernt ist, aber 1000 Meilen von allen Sorgen – kann man die Fähre zurück in die Stadt nehmen. Die Fahrt ist ein Erlebnis für sich und bester Ersatz für eine Hafenrundfahrt. Obwohl man mitten in der Stadt ist, empfiehlt es sich, ausreichend Wasser, Verpflegung und Sonnencreme mitzunehmen.

Von der Spit Bridge, die einfach mit dem Bus von der Innenstadt aus zu erreichen ist, geht es immer an den Buchten am Nordufer entlang. Zwischen Fisher und Sandy Bay können aufmerksame Wanderer einen sogenannten *aboriginal shell midden* sehen. Ein *midden* ist quasi eine Muschelmüllhalde – ein Ort, an dem Aborigines – in diesem Fall der Cammeraygal-Clan – Muscheln gegessen und die leeren Schalen nach ihrem Mahl weggeworfen haben.

Nur wenige Schritte sind es von der Sandy Bay bis nach Clontarf, einem der exquisiten Vororte Sydneys. Der Wanderweg führt direkt über Clontarfs kleinen, beschaulichen Strand, der einst in die Geschichtsbücher

Ein Fischer am Forty Basket Beach – noch hat er keine 40 Körbe gefüllt.

eingegangen ist. 1868 wurde hier Prinz Alfred, der Sohn von Königin Victoria, von dem Iren Henry James O'Farrell angeschossen. Er hatte Glück im Unglück, da die Kugel ihn genau im Kreuz seiner Hosenträger traf und somit abprallte. Der Prinz blieb unverletzt.

Clontarf selbst lädt auch zu einem ersten Bad ein, denn hier ist ein Stück des Hafens als Schwimmbad abgegrenzt und somit haisicher. Die Angst vor Haien im Middle Harbour ist durchaus berechtigt, nicht nur weil die Schauspielerin Marcia Hathaway 1963 dort von einem Hai getötet wurde. Das dunkle Wasser und die vielen verzweigten Meeresarme sind ein wirklicher Anziehungspunkt für einige gefährliche Haiarten wie den Stierhai, und Clontarf gilt nicht umsonst unter Fischersleuten als Hotspot für Haie. Ab Clontarf wird der Wanderweg deutlich einsamer. Es geht durch Buschland, über Felsen und auf Klippen hinauf. Der kurze Abstecher hinunter zum Castle Rock Beach lohnt und nach der Abzweigung zum Grotto Point Lighthouse sollte man eine Reihe Aborigine-Felsgravierungen nicht verpassen. Ebenfalls ein Muss ist etwas später ein Schlenker hoch zum Tania Park und dem Aussichtspunkt Arabanoo, von wo aus man einen herrlichen Blick auf den Hafen bzw. auf Manly hat. Der Aussichtspunkt ist nach dem Aborigine Arabanoo benannt, der am 31. Dezember 1788 auf Befehl von Gouverneur Arthur Phillip in Manly gefangen genommen wurde, damit die britischen Siedler mehr über die Ureinwohner lernen konnten.

Zurück am Wanderweg sind weitere Höhepunkte der Reef Beach, der früher einmal beliebter Treffpunkt der Nudisten und Naturalisten war, und der Forty Baskets Beach, wo Toilettenhäuschen und ein Gratis-Grill zu einem Picknick einladen. Am Forty Baskets Beach befindet sich auch ein eingezäuntes Stück Hafen zum Schwimmen. Der Forty Baskets Beach erhielt seinen Namen 1885, als Fischer nach einem erfolgreichen Fang 40 Körbe mit Fisch füllten. Diese wurden an australische Truppen geschickt, die nach ihrer Rückkehr aus dem Kriegsgebiet im Sudan in der Quarantänestation am North Head über Manly ausharren mussten, damit sie keine Epidemien ins Land einschleppten.

Nicht weit vom Forty Baskets Beach entfernt (jetzt geht es kurz auf der Straße weiter und über eine abenteuerliche Brücke) ist das North Harbour Reserve, bis das letzte Stück bis Manly dann mehr Spazier- als Wanderweg ist und vorbei an hübschen Villen des Stadtteils Fairlight führt.

In Manly selbst endet der Wanderweg am Fähranleger, von wo aus es zurück in die Stadt geht – doch wunde Füße hin oder her – hier muss der Weg noch einmal quer über die Halbinsel und durch die nette Fußgängerzone des Strandvorortes bis zum Hauptstrand Manlys führen. Denn der kilometerlange Sandstrand mit seinen berühmten Norfolk-Kiefern ist ein Blick, den jeder Besucher in Sydney gesehen haben muss.

Blick auf den Manly Beach und seine Norfolk-Kiefern

Der Castle Rock Beach

Info

Lage: Der Wanderweg ist im Norden Sydneys gelegen, rund 20 Min. Autofahrt von der Innenstadt entfernt. Eine Wanderkarte findet sich unter: www.manlyguide.com/wp-content/uploads/2009/12/scenicwalk.pdf

Anfahrt: Der Weg kann von Manly aus bestritten werden oder andersherum (wie im Text beschrieben) von der Spit Bridge aus. Beide Orte sind leicht mit öffentlichen Verkehrsmitteln von der Innenstadt aus erreichbar.

- Mit dem Bus von der Innenstadt:
  z. B. Wynyard Station zur Spit Bridge, Mosman: Bus 180 nach Manly von Wynyard Station, Carrington Street, www.sydneybuses.info
- Zurück mit der Fähre von Manly zum Circular Quay: alle 30 Min., unbedingt die alte „gemütliche" Fähre nehmen und nicht das Schnellboot, damit sich die herrliche Küstenlandschaft nochmal in aller Ruhe vom Wasser aus anschauen lässt!, transportnsw.info

Öffnungszeiten: Grundsätzlich immer – doch nach einem Sturm oder starkem Regen sollte man vorsichtig sein und vor allem bis zu 3 Tage danach nicht im Meer schwimmen (wegen potenziell aufgewirbelter Schadstoffe).

Eintritt: Gratis.

Achtung: Der Weg ist nicht schwierig, aber gute Wanderschuhe, Wasser und Sonnenschutz (Sonnencreme und Hut) sind Pflicht. Wer unterwegs schwimmen möchte – aufgrund der Haigefahr im inneren Hafen bitte nur in den abgezäunten Bereichen.

Aktivitäten: An der Spit Bridge, in Clontarf, am North Harbour Reserve und in Manly gibt es Cafés und vor allem in Manly auch viele schöne Restaurants. Wer in Manly noch Ausdauer hat, kann sich eine Surfstunde am berühmten Strand von Manly gönnen.
Manly Surf School, 93-95 North Steyne, Manly, NSW 2095, Tel: +61 2 9932 7000, E-Mail: bookings@manlysurfschool.com, manlysurfschool.com

Unterkünfte:

- In Manly:
  The Sebel Manly Beach, nettes Standardhotel direkt am Strand, 8-13 South Steyne, Manly, NSW 2095, Tel: +61 2 9977 8866, E-Mail: res.sebelmanly@accorvacationclub.com.au, www.thesebelmanlybeach.com.au
- In der Stadt in der Nähe des Fähranlegers Circular Quay:
  The Rendezvous Hotel, in guter Lage im historischen Viertel der Rocks, 75 Harrington Street, Sydney, NSW 2000, Tel: +61 2 9251 6711, E-Mail: reservations.sydneytr@rendezvoushotels.com.au, www.rendezvoushotels.com

5. Ku-ring-gai Chase National Park: Der America Bay Track

Sydneys natürliche Grenze im Norden ist der wunderschöne Ku-ring-gai Chase National Park. Der Ku-ring-gai ist ein beliebtes Ausflugsziel für Heerscharen an Radfahrern. Der Park bietet aber auch vielfältige Wanderungen, Panoramablicke und versteckte Buchten und Strände.

Der Ku-ring-gai Chase ist Australiens zweitältester Nationalpark. Die etwa eine Stunde nördlich von Sydney gelegene Region ist eine beliebte Ausflugsgegend für die Städter, die gerne Rad oder Boot fahren und wandern. Wasserstraßen (Hawkesbury und Pittwater) ziehen sich durch den Park und kreieren versteckte Buchten und einsame Strände, die man sich oftmals nur mit Wasseragamen und anderen riesigen Echsen wie den Goannas teilt.

Für einen Tagesausflug empfiehlt sich ein Stopp am sogenannten Basin Track (immer den Schildern Richtung West Head folgen), der gleich am Anfang interessante Aborigine-Gravuren präsentiert. Der Weg selbst führt zum Basin und ist eine einfache, etwas über fünf Kilometer lange Wanderstrecke (etwa 2,5 Std. hin und zurück). Am Basin kann man baden und

Am Ende des Tracks belohnt diese Aussicht auf die America Bay.

die hübsche Bucht erkunden und gegebenenfalls die Fähre zurück nach Palm Beach nehmen (wer mit Freunden unterwegs ist, könnte ein Auto an der Fähre parken und eines an der Straße nach West Head). Am Basin ist auch ein Zeltplatz, doch Essen und Trinken müssen mitgebracht werden.

Eine kürzere, etwa einstündige und ebenfalls besonders schöne Wanderung führt von der West Head Road ab zur America Bay. Schilder am Wegesrand kündigen sämtliche Wanderungen im Nationalpark an – am Eingang des Parks erhält man zudem eine Karte, wenn man die Gebühr für den Park begleicht.

Augen auf nach Tieren! Auch giftige Schlangen kann man mal antreffen.

Der Pfad zur America Bay ist eng und uneben. Das heißt, gutes Schuhwerk und Trittfestigkeit sind vorausgesetzt. Doch der etwa ein Kilometer lange Weg bis zu einem Aussichtspunkt (kein Rundweg, etwa 1 bis 2 Std. einplanen!), der über die America Bay blickt, entlohnt für die Strapaze. Denn der Busch ist farbenfroh mit etlichen blühenden Büschen und intensiven Farben. Kleine Echsen, Wasseragamen und große Goannas sonnen sich an den zahlreichen Wasserstellen. Vorsicht ist jedoch geboten, da auch Schlangen die vielen netten Flecken zum Sonnen lieben.

Wasseragamen sonnen sich an den Wasserstellen.

Direkt am Aussichtspunkt (wer fit ist, kann von hier aus sogar weiter bis zur Bucht nach unten gehen, doch der Aufstieg zurück ist anstrengend) tummeln sich manchmal Wallabys. Nach ausreichendem Regen kann man in den entstandenen Frischwasserpools planschen.

Auch ein Wasserfall bildet sich dann. Im trockenen Sommer ist dieser jedoch oftmals ausgetrocknet. Eine Felsplattform eignet sich für ein romantisches Picknick, und die einzigen anderen Geräusche, die man hier hört, sind die Grillen, die vor allem im Sommer lautstark zirpen.

Obwohl man nur etwa eine Stunde von der Innenstadt Sydneys entfernt ist, glaubt man während Wanderungen wie dieser fern jeder Zivilisation zu sein. Gleich zu Beginn des Weges führt übrigens auch auf diesem Weg ein kleiner Seitenarm zu Aborigine-Gravuren.

Vor allem im Sommer empfiehlt es sich, früh am Morgen im Park zu sein. Die Schranken in Richtung West Head öffnen ab 6 Uhr morgens und schließen im Sommer um 20:30 Uhr am Abend und ansonsten um 18 Uhr. Zurück am Auto sollte man unbedingt die fünf Minuten weiter bis zum West Head Lookout fahren. Von dort hat man einen der besten Ausblicke Australiens. Das Panorama, das sich vor einem öffnet, umschließt die

Blick von West Head nach Lion Island

Broken Bay linker Hand und Pittwater rechts und lässt einen frontal auf das Barrenjoey Headland und seinen Leuchtturm blicken. Über Pittwater schrieb schon der erste Gouverneur Arthur Phillip im März 1788: „The finest piece of water I ever saw." („Das schönste Stück Wasser, das ich je gesehen habe"). Zu seiner Begeisterung trug sicher auch der freundliche Empfang der lokalen Guringai bei, die sich selbst durch die Begegnung mit den Briten jedoch mit Pocken infizierten und einen großen Teil ihrer Bevölkerung verloren. Außerdem sieht man vom West Head über den Hawkesbury River und auf Lion Island sowie bis hoch zu den Stränden der nördlich von Sydney gelegenen Central Coast wie zum Beispiel Patonga und Umina Beach. Lion Island, wahrscheinlich so benannt, weil sein Namensgeber fand, die Form der Insel ähnele einer Sphinx, ist ein Naturreservat ohne Füchse und Katzen. Zutritt ist verboten.

Auf dem Rückweg könnte man an der Resolute Picnic Area stoppen und an den fest installierten Barbecues grillen. Ein weiterer lohnenswerter

Stopp sind die Upper Gledhill Falls, die auf dem Rückweg von der West Head Road ein Stück rechts ab in die McCarrs Creek Road liegen und ganz in der Nähe der Straße sind. Im Sommer kann man hier in einem Pool unter einem Wasserfall schwimmen.

Blühender Busch am Wegesrand

Info

Lage: Der Ku-ring-gai Chase National Park bildet die nördliche Grenze Sydneys und ist in etwa 1 Std. mit dem Auto von der Innenstadt erreichbar.

Anfahrt: Für den Besuch im Nationalpark lohnt ein Auto. Von Sydney aus über die Harbour Bridge in Richtung Manly fahren. Immer der Military und später der Spit und Manly Road folgen, die automatisch ineinander übergehen. Bei der Abbiegung nach Manly diese rechts liegen lassen und auf der Burnt Bridge Creek Deviation, die später in die Condamine Street übergeht, weiter in Richtung Norden fahren. Ab dem Stadtteil Brookvale geht diese Straße wieder automatisch in die Pittwater Road über, die einen durch die Stadtteile Dee Why, Narrabeen und Mona Vale führt. Von dort geht es schließlich links ab (gleich nach der Mona Vale Road). Der Straßenname Pittwater Road bleibt erhalten. Von hier aus führt einen die Straße (später Mc-Carrs Creek Road) am Wasser entlang bis in den Nationalpark. Im Park selbst dann den Schildern Richtung West Head folgen (zweimal rechts abbiegen).

Öffnungszeiten: Die Schranken in Richtung West Head öffnen ab 6 Uhr morgens und schließen im Sommer um 20:30 Uhr am Abend und ansonsten um 18 Uhr.

Eintritt: 12 AUD

Achtung: Bei allen Nationalparks gilt: Wettervorhersage und Buschfeuergefahr beachten. Bei Wanderungen immer auf ausreichend Sonnenschutz achten und Wasser mitnehmen. Festes Schuhwerk und lange Hosen schützen vor möglichen Schlangenbissen.

Unterkünfte:

- *The Basin Campground*, einsam gelegener Zeltplatz im Ku-ring-gai Chase National Park, zu Fuß über den Basin Track von der West Head Road aus erreichbar oder per Fähre oder Wassertaxi von Palm Beach aus (Fantasea Cruising, www.fantasea.com.au). Unbedingt vorab buchen! Tel: +61 13000 72757, www.nationalparks.nsw.gov.au/camping-and-accommodation/campgrounds/the-basin-campground
- *Jonah's*, romantisches Hotel am Whale Beach in den Hügeln über dem Strand mit schönem Panoramablick, ca. 30 Min. vom Nationalpark entfernt, 69 Bynya Road, Whale Beach, Sydney, NSW 2107, Tel: +61 2 9974 5599, E-Mail: enquiries@jonahs.com.au, www.jonahs.com.au
- *Cottage Point Inn*, im Nationalpark gelegenes Hotel mit 2 Apartments (keine Kinder zugelassen) sowie einem exklusiven Restaurant, 2 Anderson Place, Cottage Point, NSW 2084, Tel: +61 2 9456 1011, E-Mail: info@cottagepointinn.com.au, www.cottagepointinn.com.au

  Das Cottage Point Inn ist wie ein weiteres berühmtes Restaurant im Park (Berowra Waters Inn, www.berowrawatersinn.com) auch per Boot oder noch exklusiver per Wasserflugzeug erreichbar: sydneybyseaplane.com

6. Der Norden Sydneys: Wanderung zum Barrenjoey Lighthouse

Der „letzte Zipfel Sydneys" im Norden ist der Vorort Palm Beach. Danach kommen nur noch Meer und Nationalpark. In Palm Beach herrscht nicht nur eine relaxte Strandatmosphäre, es lässt sich hier auch schön wandern, schlemmen und übernachten. Die kurze Wanderung zum Barrenjoey Lighthouse ist anstrengend, der Blick von hier aus aber einer der besten, die Sydney zu bieten hat.

Viele reiche Sydneysider haben nicht umsonst ein Wochenenddomizil in Palm Beach. Rund eine Stunde Autofahrt von der Innenstadt entfernt (knapp 45 km) und gut per Bus erreichbar (in rund 1,5 Std. mit L 88 oder 90 vom Hauptbahnhof, Rathaus oder Wynyard) ist der Stadtteil ein schönes Ausflugsziel. Wer kann, sollte lieber während der Woche Palm Beach besuchen, da die Wochenenden doch oft viele Besucher anziehen und die Barrenjoey Road sich durchaus in eine lange Blechschlange verwandeln kann.

Das aus Sandstein erbaute Gebäude des Leuchtturms wurde einst 1881 erbaut, doch noch heute thront der Turm majestätisch über der Halbinsel – dem Barrenjoey Headland. Barrenjoey ist ein Name, den bereits

Blick auf das Barrenjoey Lighthouse

Seestern am Strand

Arthur Phillip, der erste Gouverneur von New South Wales, dem Fleckchen Erde gegeben hat – nach dem Aborigine-Wort „Barrenjuee", das soviel heißt wie „kleines/junges Känguru".

Am besten parkt man unterhalb des Leuchtturms am gebührenpflichtigen Parkplatz nach dem Boathouse Palm Beach. Von hier aus geht es über den Strand (Seite Pittwater, nicht hin zum offenen Meer) zum Start der Wanderung am Fuße des kleinen Berges – dem eben erwähnten Barrenjoey Headland. Der Weg teilt sich nach etwa hundert Metern in zwei Wanderwege, die beide zum Leuchtturm führen. Es bietet sich beispielsweise an, einen nach oben und den anderen zurück zu nehmen. Insgesamt ist die Strecke nur etwas über zwei Kilometer lang, doch durch einige steile Stücke sollte man eineinhalb Stunden einplanen. Der kürzere, etwas anstrengendere Wanderweg ist der sogenannte Smugglers Track. Von hier aus hielten die Zollbeamten im 19. Jahrhundert nach Schmugglern Ausschau. Auf diesem Weg sind einige Treppenstufen, über die man die teilweise steileren Stücke überwindet. Der Weg ist nur etwa 400 Meter lang und führt in Teilen durch Buschland, doch wer ihn als Aufstieg plant, sollte ein gewisses Fitnesslevel mitbringen. Deutlich einfacher, dafür aber doppelt so lang, ist der zweite Weg, der sogenannte Access Trail.

Die Halbinsel ist bei einem Buschfeuer 2013 stark in Mitleidenschaft gezogen worden, doch der Busch erholt sich langsam wieder. Der Leuchtturm selbst blieb vom Feuer verschont. Von hier aus hat man einen der besten Ausblicke Sydneys: Man kann nicht nur zum weiteren lohnenswerten Ausblick West Head im Ku-ring-gai Chase National Park blicken, sondern auch aufs offene Meer hinaus und die Küste entlang nach Norden und Süden. Zwischen Mai und September lassen sich mit etwas Glück von hier aus sogar Wale beobachten.

Außer dem Leuchtturm gibt es am Berg keine weiteren Angebote – weder ein Café noch eine öffentliche Toilette. Für beides muss man wieder absteigen – doch Palm Beach selbst liefert dann, was während der Wanderung abgeht. Neben dem bereits erwähnten Boathouse Palm Beach (Governor Phillip Park, Palm Beach, www.theboathousepb.com.au) gibt es auch das Dunes Restaurant & Kiosk Palm Beach (1193 Barrenjoey Road, Palm Beach, www.dunespalmbeach.com.au), wo ein deutscher Eigentümer echte Strandkörbe von Europa nach Australien gebracht hat.

Hoch oben steht der Leuchtturm.

Info

Lage: Palm Beach ist der nördlichste am Meer gelegene Stadtteil Sydneys. Pittwater sowie der Ku-ring-gai Chase National Park bilden ab hier eine natürliche Begrenzung der Stadt. Ähnlich wie der Nationalpark ist Palm Beach in etwa 1 Std. mit dem Auto von der Innenstadt erreichbar.

Anfahrt:

- Mit dem Auto gilt die gleiche Anfahrt wie zum Ku-ring-gai Chase National Park, doch anstatt in Mona Vale links abzubiegen und der Pittwater Road weiter zu folgen, fährt man nach Palm Beach geradeaus weiter und folgt immer der Barrenjoey Road bis man am Ende die Halbinsel und den Leuchtturm sieht. Auch die Stadtteile Newport und Avalon lohnen für einen kurzen Stopp und haben selbst wunderschöne Strände und viele nette Cafés und Geschäfte.
- Per Bus dauert es etwa 1,5 Std. Der L 88 oder 90 führen vom Hauptbahnhof, Rathaus oder Wynyard in rund 1,5 Std. in den Norden.

***Achtung*:** Wie bei allen Wanderungen durch Buschland gilt: Bitte auf die Wettervorhersage und Buschfeuergefahr achten, ausreichend Sonnenschutz auftragen und Wasser mitnehmen. Festes Schuhwerk und lange Hosen schützen vor möglichen Schlangenbissen.

Eintritt: Gratis, doch der Parkplatz kostet eine Gebühr.

Unterkünfte:

- *The Basin Campground*, einsam gelegener Zeltplatz im Ku-ring-gai Chase National Park, per Fähre oder Wassertaxi von Palm Beach aus (Fantasea Cruising, www.fantasea.com.au). Unbedingt vorab buchen! Tel: +61 13000 72757, www.nationalparks.nsw.gov.au/camping-and-accommodation/campgrounds/the-basin-campground
- *Jonah's*, romantisches Hotel am Whale Beach in den Hügeln über dem Strand mit schönem Panoramablick, ca. 30 Min. vom Nationalpark entfernt, 69 Bynya Road, Whale Beach, Sydney, NSW 2107, Tel: +61 2 9974 5599, E-Mail: enquiries@jonahs.com.au, www.jonahs.com.au

Umgebung von Sydney

7. Hunter Region: Abseits der Touristen
8. Killcare: Die Seele baumeln lassen
9. Pearl Beach: Verstecktes Schmuckkästchen
10. Mit dem Fluss-Postboten am Hawkesbury River entlang
11. Blue Mountains: Abtauchen in den Canyon
12. Blue Mountains: Wasserfälle und gigantische Ausblicke
13. Gartentour in und um die Blue Mountains
14. Royal National Park: Unterwegs im ältesten Nationalpark Australiens
15. Sea Cliff Bridge: Australiens spektakulärste Brücke
16. Höhlenabenteuer: Jenolan Caves, Wombeyan Caves und Yarrangobilly Caves

Idyllisches Pearl Beach

7. Hunter Region
New South Wales
Newcastle
Orange
Bathurst
Lithgow
9. Pearl Beach
16. Jenolan Caves
10. Hawkesbury River
8. Killcare
11. Blue Mountains
12. Princes Rock Track National Pass
Cowra
Sydney
14. Royal National Park
13. Gartentour
16. Wombeyan Caves
15. Sea Cliff Bridge
Wollongong
Goulburn
Nowra
Canberra
Ulladulla
Australian Capital Territory
Tasmanische See
Batemans Bay
16. Yarrangobilly Caves

7. Hunter Region: Abseits der Touristen

Weite Täler mit Eukalyptuswäldern, Kängurus und guter Wein gepaart mit exzellentem Essen: Rund zweieinhalb Stunden Fahrt von Sydney entfernt ist die Hunter Region – deutlich weniger touristisch als das bekanntere Lower Hunter Valley. Hier ist man noch verhältnismäßig unter sich und kann trotzdem Weinkellereien, Lavendel- und Olivenfarmen besuchen.

Eigentlich ist das Lower Hunter Valley das bekannte Ausflugsziel – die Weinregion, in die sich Sydneysider für ein luxuriöses Wochenende und zur Weinprobe flüchten. Hier liegt das bekannte Pokolbin mit seinen Hunter Valley Gardens. Doch hier stapeln sich vor allem am Wochenende auch Heerscharen an Besuchern und Urlaubern. Inzwischen ist dieses weltberühmte Lower Hunter Valley so touristisch, dass ich es in diesem Reiseführer nicht einmal mehr empfehlen möchte.

Noch eher ein Geheimtipp ist dagegen die etwas weiter nördlich gelegene Region. Manche nennen sie die Hunter Region, andere sagen, es

Weinreben

sei bereits das Upper Hunter Valley. Die ersten Ausläufer dieser deutlich ruhigeren Region beginnen um das kleine historische Dorf Paterson, das sich für einen kurzen Kaffeestopp und Spaziergang anbietet.

Idylle pur findet man dann aber neun Kilometer weiter, in dem kleinen Örtchen Vacy. Vacy entstand um 1828 als eine private Gemeinde, gegründet von der Familie Cory, britischen Einwanderern. Viel scheint sich bis heute nicht getan zu haben, noch heute gruppieren sich nur einige wenige Häuser zu einem kleinen Weiler. Doch von hier aus geht es zum erhöht gelegenen Eaglereach Wilderness Resort, einer Ansammlung privater Hütten mitten im Busch, die man anmieten kann. Von den meisten Hütten aus hat man einen spektakulären Blick ins Tal und auf die Eukalyptuswälder. Kängurus grasen friedlich am Straßenrand, in den Teichen tummeln sich Yabby-Krebse und Schildkröten. Bunte Papageien, freche Gänse und gut getarnte Echsen bevölkern Wasserstellen, Wege und den Busch.

Vom Resort aus lohnen Ausflüge zum österreichischen Auswanderer Gunter Hager, der in Vacy das Restaurant The Flying Duck (802 Gresford

Kängurus dösen im Gras.

Road, Vacy, Hunter Valley, www.flyingduckcafe.com.au) eröffnet hat und neben gutem Essen auch immer für einen netten Schwatz zu haben ist. Nicht weit entfernt sind aber auch Weinkellereien wie Camyr Allyn Wines (www.camyrallynwines.com.au) sowie eine Lavendel- und eine Olivenfarm, wo man hochwertige lokale Produkte und nette Mitbringsel kaufen kann.

Die größte Attraktion der Region sind aber die Ruhe der Natur, die herrlichen Ausblicke und die Nähe zur Tierwelt. Wer Kängurus auf Tuchfühlung begegnen möchte, der wird hier gar nicht genug kriegen.

Info

Lage: Vacy in der Hunter Region ist etwa 195 km oder 2,5 Std. Autofahrt nördlich von Sydney gelegen. Für die Anreise empfiehlt sich ein Mietauto.

Anfahrt: Von Sydney aus kommend geht es auf dem Pacific Highway in Richtung Norden bis zur Autobahnauffahrt M1. Dieser Autobahn immer in Richtung Norden bis zum Ort Hexham kurz vor Maitland folgen. Dort geht es dann links ab auf den New England Highway in Richtung Maitland. In Maitland immer den Schildern nach Paterson folgen, das etwa 18 km entfernt ist. Nach Paterson ist der nächste Ort dann bereits Vacy. Um zum im Text erwähnten Eaglereach Wilderness Resort zu kommen, muss man in Vacy die Brücke überqueren und danach die erste Linksabbiegung nehmen. Dieser Straße, der Summer Hill Road, folgt man für weitere 5 km, bis man zum Resorteingang auf der linken Seite kommt.

Aktivitäten:

- *Camelot Lavender Gardens,* Lavendelgarten, 1312 Dungog Road, Wallarobba, NSW 2420, Tel: +61 2 4995 6166, www.camelotlavender.com.au
- *Bunna Bunoo Olive Grove,* Olivenhain und -produktion, 237 Fishers Hill Road, Vacy, NSW 2421, Tel: +61 2 4938 8086, www.bunnabunooolives.com.au

Unterkünfte:

- *Eaglereach Wilderness Resort,* mitten im Busch gelegene Hütten in unterschiedlichen Preisklassen, Summerhill Road Vacy, Hunter Region, NSW 2421, Tel: +61 2 4938 8233, E-Mail: enquiry@eaglereach.com.au, www.eaglereach.com.au

8. Killcare: Die Seele baumeln lassen

Der Name sagt es bereits – „Kill care" oder locker übersetzt – „Weg mit allen Sorgen". In dem kleinen Ort direkt am Meer, nur 90 Minuten Fahrt von Sydney entfernt, kann man die Seele baumeln lassen. Der Bouddi National Park, der direkt an den Ort anschließt, wartet mit idyllischen Stränden und schönen Wanderwegen auf.

Farbenfrohe Felsen im Bouddi National Park

Pretty Beach House: Hier stieg schon Bill Gates ab.

Etwa 90 Kilometer oder 90 Autominuten nördlich von Sydney gelegen ist der kleine Ort Killcare. Er ist einer der Orte auf der Bouddi Peninsula neben Hardys Bay, Pretty Beach und Wagstaff, die alle irgendwie ineinander überzugehen scheinen. Das Dorf selbst, das eines von vielen kleinen Orten an der sogenannten Central Coast ist, gibt auf den ersten Blick außer ein paar Cafés und Restaurants nicht viel her.

Doch der entspannte Lebensstil, das Flair des einstigen Fischerdorfes, Strände und die Schönheit des Bouddi National Park, der das Dorf gemeinsam mit dem offenen Meer umschließt, stellt sicher, dass ein Wochenende tatsächlich alle Alltagssorgen auslöscht.

Versteckt in den Hügeln des Ortes sind zudem zwei der schönsten Unterkünfte des Bundesstaates New South Wales: Das Bells at Killcare sowie das Pretty Beach House, wo selbst Bill Gates schon mit seiner Familie abgestiegen ist. Neben den Luxusunterkünften bietet die Region aber auch Häuser, die sich gut von Familien mieten lassen, und einige schöne Zeltplätze wie zum Beispiel Putty Beach.

Der Bouddi National Park besticht durch seine braunroten Felsformationen und die schönen, teils wilden, teils geschützten Strände. Der Bouddi

Coastal Walk ist eine etwa vierstündige Wanderung, während der mehrere dieser Strände erwandert werden. Der Weg startet am Putty Beach und führt bis zum Macmasters Beach. Auf dem acht Kilometer langen Pfad kommt man an der Maitland Bay, wo noch heute einige Überreste des Schiffswracks der PS Maitland liegen, und dem Little Beach vorbei.

Eine weitere empfehlenswerte und deutlich kürzere Wanderung (30 Min. einfache Strecke, jedoch mit steilem Auf- und Abstieg) startet im Ort Pretty Beach. Sie führt von der High View Road durch den Bouddi National Park und über einen Hügel hinweg zu dem einsam gelegenen Lobster Beach, der nur per Boot oder über den Wanderweg erreichbar ist. Am seichten Lobster Beach kann man herrlich planschen und Muscheln sammeln.

Ein weiterer lohnenswerter Ausflug führt am Ende des Putty Beach zu einer kleinen Landzunge, deren Felsenbett wie mit einer Gabel zerfurcht ist. In den zahlreichen, mit Meerwasser gefüllten Felsspalten tummeln sich kleine Fische, Seeigel, Austern, Seeanemonen und Krebse, die sich einfach beobachten lassen. Vorsicht ist jedoch angesagt, wenn sich auch ein kleiner, handgroßer Oktopus zeigt. Das ist die hübsche, aber hochgiftige Blauringkrake. Diese auf gar keinen Fall anfassen! Ein Biss kann tödlich sein, denn ein Gegengift gibt es bisher nicht.

Weg zum Lobster Beach

Schöne Aussichtspunkte gibt es zur Genüge, einer ist beispielsweise der Umweltschützerin und Anwältin Marie Byles gewidmet und liegt an der Straße mit dem passenden Namen The Scenic Road, kurz nach der Abzweigung zum Hotel Bells at Killcare.

Info

Lage: Killcare liegt etwa 90 km oder 90 Min. mit dem Auto nördlich von Sydney direkt am Meer und umgeben vom Bouddi National Park.

Anfahrt: Von Sydney geht es Richtung Norden auf die Autobahn M1 in Richtung Newcastle.Die Ausfahrt Gosford nehmen und an der 4. Ampel (Kariong Hill) rechts in die Woy Woy Road einbiegen. Dieser etwa 12 km folgen – bis über die Eisenbahnlinie – und am Ende (Rawson Road und später Allfield Road) rechts in die Blackwall Road einbieten. Diese heißt später Memorial Avenue und bringt einen zu einem Kreisverkehr, an dem es nach links auf den Maitland Bay Drive abgeht. Nach weiteren etwa 8 km geht es nach einer Tankstelle rechts ab in Richtung Wagstaff und Killcare.

Öffnungszeiten: Der Ort ist bei ausländischen Urlaubern wenig bekannt, gilt aber bei Sydneysidern durchaus als beliebtes Wochenendziel und ist somit oftmals gut ausgebucht. Vor allem die Zeltplätze muss man teils Monate zuvor buchen.

Aktivitäten: Bei dem Vermieter BoatBikePaddle kann man wie der Name schon verrät Boote, Fahrräder und Kanus ausleihen.

- *BoatBikePaddle*, 39 Araluen Drive, Killcare, NSW 2257, Tel: +61 2 4360 2958, E-Mail: info@bbphcc.com.au, www.bbphcc.com.au

Unterkünfte:

- *Putty Beach Campground*, schöner Zeltplatz, direkt am Strand und im Nationalpark gelegen, Tel: +61 2 4320 4200, www.nationalparks.nsw.gov.au/camping-and-accommodation/campgrounds/putty-beach-campground
- *Pretty Beach House*, hier stieg schon Bill Gates ab, Luxus pur in sehr gehobener Preisklasse, 83 High View Road, Pretty Beach, NSW 2257, Tel: +61 2 4360 1933, E-Mail: stay@prettybeachhouse.com, prettybeachhouse.com
- *Bells at Killcare*, edles Hotel mit renommiertem italienischen Restaurant, 107 The Scenic Road, Killcare Heights, NSW 2257, Tel: +61 2 4349 7000, E-Mail: reservations@bellsatkillcare.com.au, www.bellsatkillcare.com.au

9. Pearl Beach: Verstecktes Schmuckkästchen

Pearl Beach ist ein eher unbekanntes Fleckchen Paradies, rund eineinhalb Stunden nördlich von Sydney gelegen. Ausspannen, Schwimmen und Wandern sind die drei Hauptaktivitäten, warum viele teils berühmte Sydneysider Ruhe und Erholung in Pearl Beach suchen.

Nur wenige Touristen kommen nach Pearl Beach, das in „Mainstream"-Reiseführern meist nicht auftaucht. Dabei ist der Name Pearl Beach ein Hinweis darauf, was der kleine Ort ist – ein kleines, verstecktes Schmuckstück an der ansonsten recht zersiedelten und teils sehr touristischen Central Coast.

Pearl Beach soll übrigens bereits 1792 von Gouverneur Arthur Phillip vom Wasser aus entdeckt worden sein, wobei er angeblich nicht an Land kam. Denn am Ufer zeigte sich wohl eine große Gruppe Aborigines, die zwar auf den ersten Blick freundlich erschienen, dem Gouverneur aber trotzdem ein wenig Angst einflößten.

Blick auf Palm Beach

Heute schmiegen sich viele kleine Strandhäuschen (rund 600) fast unauffällig in den Brisbane Water National Park ein und dominieren nicht die Landschaft. Keine großen Hotels oder Campingplätze haben sich angesiedelt, stattdessen kann man die Wochenendhäuser und Apartments reicher Sydneysider mieten, die vor allem während der Woche meist leerstehen. Pearl Beach, dessen Straßen auch nach wertvollen Steinen (Jade Place, Emerald Avenue, Diamond Road, Amethyst Avenue etc.) benannt sind, lohnt vor allem zum Ausruhen. Der idyllische Strand, ein Café und Restaurant und ein Meerwasserpool, in dem man seine Bahnen ziehen kann, laden zum Ausspannen und Seele baumeln lassen ein.

Direkt vor Pearl Beach sollte man am Mount Ettalong Lookout stoppen. Von einem kleinen Parkplatz aus führt ein Weg durch den Busch zu den Klippen (auf kleine Kinder achten!). Die Aussicht über die gesamte Bucht, die Broken Bay, nach Pearl Beach und über Brisbane Water gehört zu den besten in der Region.

In Pearl Beach lohnt ein Spaziergang zum Crommelin Native Arboretum am Ende der Crystal Avenue, wo auch der Wanderweg nach Patonga mit etlichen weiteren schönen Aussichtspunkten startet. Das 4,5 Hektar große Gelände besteht aus Rasenflächen, sumpfigen Regionen und gemäßigtem Regenwald gemischt mit Buschland. Früh

Am Nature Pearl Beach

im Jahr findet hier auch ein Opernfestival statt, für das man allerdings rechtzeitig Tickets erwerben muss. Ein ähnliches nettes Reservat befindet sich am Green Point in Pearl Beach: Das Paul Landa Reserve wartet mit einem weiteren schönen Spaziergang auf, der wiederum zu einem Aussichtspunkt über die Bucht führt.

Auf der Wanderung nach Patonga

Info

Lage: Pearl Beach ist mit dem Auto etwa 1,5 Std. oder knapp 100 km von Sydney entfernt. Der kleine Ort liegt nördlich von Sydney direkt an der Küste und ist umgeben vom Brisbane Water National Park.

Anfahrt: Über die Autobahn M1 geht es Richtung Gosford. Kurz nach dem Australian Reptile Park (ein sehenswerter Zoo, in dem die berüchtigten, hochgiftigen Trichternetzspinnen „gemolken" werden, um ihr Gift für die Gegengiftproduktion zu gewinnen, Lot 69 Pacific Highway, Somersby, NSW 2250, reptilepark.com.au) geht es rechts ab auf die A49 in Richtung Woy Woy. In Woy Woy rechts abbiegen in die Ocean Beach Road und danach der Beschilderung in Richtung Pearl Beach folgen.

Achtung: Die Strände sind nicht patrouilliert. Wie überall in Australien gilt Vorsicht beim Schwimmen, da starke Strömungen einen leicht ins Meer ziehen können.

Eintritt: Wer den Nationalpark weiter erkunden möchte, zahlt pro Auto 8 AUD.

Aktivitäten:

- Neben dem idyllischen Strand mit einer kleinen Lagune lohnt sich die Wanderung nach Patonga. Sie startet im Ortsinneren von Pearl Beach am Ende der Chrystal Avenue und dauert 1,5 bis 2 Std. (einfacher Weg). Unterwegs bieten sich einige schöne Aussichtspunkte für ein Picknick an. Vorsicht: Nicht alle Aussichtspunkte sind mit Geländern abgesichert. Der Abstieg nach Patonga ist steil und der Wanderweg wird ein wenig zum Abenteuer (auf gutes Schuhwerk achten!) bis man mitten am Strand des beschaulichen Ortes Patonga landet.
- Früh im Jahr wird im Crommelin Native Arboretum eine Oper aufgeführt, für die es meist ab November Tickets gibt. Siehe: www.opera.pearl-beach.com

Unterkünfte: In Pearl Beach gibt es zwar ein Restaurant (Pearls on the Beach) und ein Café (Pearl Beach Cafe & General Store) mit kleinem Lädchen daneben, jedoch kein größeres Hotel, keinen Zeltplatz und keine Pensionen. Auch das macht den Charme des eher versteckten kleinen Strandörtchens aus. Übernachten kann man trotzdem und zwar in Privatunterkünften (Apartments und Häuser), die sich über stayz.com.au oder airbnb.com.au finden lassen.

10. Mit dem Fluss-Postboten am Hawkesbury River entlang

Nur eine Stunde nördlich von Sydney gelegen fühlt sich der Hawkesbury River an, als wäre man weit weg von jeder Zivilisation. Die Häuser, die den Fluss säumen, sind bis heute nur per Boot erreichbar, und die Post wird wie in früheren Zeiten mit dem Fluss-Postboten gebracht. Letzteren kann man bei seinem dreistündigen Trip begleiten und dabei auch ein wenig in der Zeit zurückreisen.

Ben Pigneguy ist der Skipper der Bootstour. Er lebt seit 40 Jahren am Hawkesbury River und wird – wie er scherzt – jetzt endlich als Einheimischer betrachtet. Er und die wenigen hundert anderen Bewohner am Fluss und auf den Inseln leben ein wenig wie noch vor hundert Jahren. Keine Straße führt zu ihren Häusern, und die Post, Pakete, frische Milch, Zeitungen und gerne auch eine Kiste Bier oder eine Flasche Rum müssen per Boot angeliefert werden.

Boote am Hawkesbury River

Ein Schwätzchen gehört dazu ...

Die tägliche Tour (Montag bis Freitag) des Fluss-Postboten, die seit 1910 läuft, wäre heute wahrscheinlich nicht bezahlbar, hätten die Pigneguys nicht die gute Idee gehabt, Gäste auf ihrem Boot mitzunehmen. Die dreistündige Bootsfahrt (10 Uhr bis 13:15 Uhr) führt an Dangar Island, am Kangaroo Point und an Milson Island vorbei bis zum Bar Point. Meist warten die „lokalen" Postboten schon am Anleger, auch die Hunde, und ab und zu stehen einige Nachbarn schon da, um Neuigkeiten zu hören, ein kurzes Pläuschchen zu führen und natürlich, um ihre Post in Empfang zu nehmen. Während der Fahrt erzählt der Skipper über die vergangenen Zeiten, die lokalen Aborigines, die Tierwelt (Adler nisten

an einem Abschnitt des Flusses) und die lokale Industrie – Austern- und Krabbenfischer arbeiten am Fluss, der die ersten 50 bis 60 Kilometer ins Inland hinein Salzwasser führt.

Interessant ist es, die Vergangenheit der Inseln und ihrer Bewohner zu hören: Von Milson Island, das einst Gefängnis und später psychiatrische Anstalt war, von Dangar Island, wo früher noch über 400 Menschen lebten und heute noch 260 ausharren – eine „eng mit einander verwobene Gemeinde, wo sich jeder kennt", laut Ben Pigneguy. Denn: „Entweder du hasst das Leben am Fluss – und dann bist du nach sechs Monaten wieder weg – oder du liebst es und bleibst dein ganzes Leben."

Früher war der Hawkesbury River die Hauptroute zwischen dem Farmland in Windsor und Richmond, von wo aus die wachsende Kolonie in Sydney verpflegt wurde. Während der Bootsfahrt, auf der Kaffee und Tee, selbst gebackene Kekse nach Omas Rezept und ein kleiner, aber feiner Lunch serviert werden, kommt man auch an der HMAS Parramatta vorbei, dem ersten Kriegsschiff Australiens, das jetzt als Wrack, mit Bäumen und Büschen überwachsen, am Ufer des Flusses ruht.

Ein weiteres Highlight der Bootsfahrt ist die am Fluss gelegene Gemeinde Milsons Passage, die sich offiziell von Australien losgesagt hat, und ein eigenständiges, kleines Land mit eigener Währung sein will. Die „Democratic Republic of Milsons Passage" hat selbstverständlich ihren eigenen

Anleger

König, der gleichzeitig auch Bürgermeister ist. Allerdings ist die Entscheidung der etwas über hundert Bürger etwas einseitig – Australien hat sie nicht akzeptiert und die Rebellen müssen weiterhin Steuern zahlen.

Die Bootsfahrt eignet sich für Jung und Alt und ist ein netter Ausflug für die ganze Familie, nicht umsonst hat eine einheimische Autorin gar ein Kinderbuch über den Fluss-Postboten geschrieben.

Info

Lage: Brooklyn, von wo aus die Bootstour startet, ist etwa 1 Std. nördlich von Sydney gelegen. Zu den Stoßzeiten kann die Fahrt aber auch länger dauern!

Anfahrt:

- Wer mit dem Auto unterwegs ist, kann Dangar Road, Brooklyn in sein GPS eingeben oder von Sydney aus die Autobahn in Richtung Newcastle nehmen, Pacific Highway M1, und dann bei der Ausfahrt Brooklyn/Mooney Mooney ausfahren. Immer Richtung Brooklyn fahren und nach der Brücke links in die Brooklyn Road einbiegen. Dieser bis ganz ans Ende folgen – dann sieht man links bereits den Anleger.
- Vom Hauptbahnhof in Sydney kann man auch mit dem Zug bis zur Hawkesbury River Train Station in Brooklyn fahren (transportnsw.info).

Aktivitäten: Die Boote fahren vom Brooklyn Public Wharf um 10 Uhr montags bis freitags ab und kehren um 13:15 Uhr wieder zurück, 55 AUD für Erwachsene und 15 AUD für Kinder, es gibt Vergünstigungen für Senioren und Familien, Tel.: 0400 600 111, E-Mail: info@riverboatpostman.com.au, www.riverboatpostman.com.au

Unterkünfte:

- Die Tour kann man an einem Tagesausflug von Sydney aus machen, wer jedoch länger am Hawkesbury River bleiben will, der könnte beispielsweise ein Hausboot mieten. Angebote gibt es über www.brooklynmarina.com.au oder www.luxuryafloat.com.
- Eine ganz besondere Variante für ein Wochenende in der Region ist das am Fluss gelegene *Peats Bite*, ein Restaurant, das auch sechs luxuriöse Bungalows angeschlossen hat. Direkt am Fluss gelegen, führt keine Straße hin – man kann nur per Boot, Wassertaxi oder Wasserflugzeug anreisen, Sunny Corner, Hawkesbury River, NSW 2083, Tel: +61 2 9985 9040, E-Mail: bookings@peatsbite.com.au, www.peatsbite.com.au

11. Blue Mountains: Abtauchen in den Canyon

Etwa eineinhalb bis zwei Stunden Autofahrt von Sydney entfernt liegen die Blue Mountains. Die Blauen Berge sind neben Sydney eines der begehrtesten Ausflugsziele für Urlauber in New South Wales. Doch neben der Felsformation der Three Sisters und dem hübschen Örtchen Leura gibt es noch einige Geheimtipps: Der Grand Canyon Walk ist einer davon.

Die Blue Mountains sind eine einzigartige Landschaft aus Gebirgszügen und Plateaus, tiefen Tälern und Schluchten, Eukalyptuswäldern, Wasserfällen und Felsformationen. Die berühmteste davon sind die „Drei Schwestern" (Three Sisters), die man am besten vom Aussichtspunkt Echo Point in Katoomba – dem bekanntesten Ort der Blue Mountains – sehen kann. In Katoomba sind auch einige der beliebtesten Touristenattraktionen der Blue Mountains wie die steilste Eisenbahn der Welt, zwei verschiedene Seilbahnen und ein erhöhter *boardwalk* durch fast zweieinhalb Kilometer Regenwald. Von den zahlreichen Aussichtspunkten blickt man oft kilometerweit in die Eukalyptuswälder, die bei idealer Wetterlage blaue Dunstwolken ätherischer Öle abgeben, die den Bergen ihren Namen gegeben haben.

Raffinierte Gräser säumen den Wegesrand.

Die Blue Mountains sind ein herrliches Wandergebiet. Für jeden Wanderer ist etwas dabei: Von halbstündigen Spaziergängen bis zu mehrtägigen Wanderungen. Eine der bekanntesten Wanderungen führt zum Beispiel zu den romantischen Wasserfällen Wentworth Falls. Von Blackheath aus starten gleich mehrere lohnenswerte Wege: Der Cliff Top Track (3 km), der über den wunderschönen Aussichtspunkt Evans Lookout führt, der Pulpit Rock Track (4 km), der nur knapp zwei Kilometer lange Fairfax Heritage Track sowie der deutlich anspruchsvollere Weg zum Hanging Rock (fast 8 km), der wie sein Name andeutet, tatsächlich überhängt und den Blick in einen tiefen Abgrund gewähren lässt.

Ein besonders schöner Wanderweg ist der Grand Canyon Walk, der direkt vom Evans Lookout startet und einen für drei bis vier Stunden in die Welt eines teils prähistorisch anmutenden Canyons abtauchen lässt. Durch die steilen Treppen am Anfang und Ende der Wanderung ist ein relativ gutes Fitnesslevel nötig, obwohl der Weg insgesamt nur sechs Kilometer lang ist. Während dieser muss man jedoch gute 200 Höhenmeter überwinden. Bei gutem Wetter lässt einen der Weg in eine andere Welt eintauchen. Links und rechts wachsen hohe Farnbäume, und Bodenfarne ranken an den steilen Felswänden empor. Blühende Gräser, Moose und Büsche säumen den schmalen, meist schattigen Wanderweg. Immer wieder lassen sich Tiere blicken – bunte Papageien wie Rosellasittiche und King Parrots, Echsen und Wasserkrebse. Am Anfang hört man nur leise eine Quelle plätschern, später wird der Bach dann zur ständigen Begleitung. Immer wieder wird der Bach in die Wanderung einbezogen, hilft, sie stets abwechslungsreich und spannend zu halten. Raue, aus schweren Felsen geschlagene Trittstufen bilden etliche Brücken über das Nass. Wasser plätschert von den hohen Felswänden herab, zusammen mit dem Sonnenlicht, das in die enge Schlucht dringt, verwandeln sich diese Kleinstwasserfälle je nach Wasseraufkommen schon mal in schillernde „Duschen".

Die Three Sisters in Katoomba

Die Stufen erforden ein gewisses Fitnesslevel.

Während man unten im Canyon ist, lässt einen die Stille und Entrücktheit der Schlucht fast vergessen, in welch gigantisch großem Nationalparksystem man sich befindet. Der 2690 Quadratkilometer große Blue Mountains National Park gehört zum umfangreichsten australischen Gebirgszug, der Great Dividing Range, die sich an der Ostküste entlang von Queensland bis nach Victoria zieht. Die ersten Siedler sahen die Blue Mountains einst als undurchdringliche Barriere. Erst 1813 schafften drei Forscher namens Blaxland, Wentworth und Lawson, die blauen Berge zu durchqueren und die Region zu erschließen. Heute ist die Region eines der beliebtesten Wochenendziele der Sydneysider, die in den Wäldern und Tälern Ruhe, frische Luft und Erholung vom Alltagsstress der Großstadt suchen. Diesem entflieht man dann auch nirgendwo besser als in der tiefen, abgeschiedenen Schlucht des Grand Canyon Walk. Fast zwei Stunden taucht man in diese von der Realität scheinbar entrückte Welt ein, bis einen weitere steile Stufen wieder aus dem Canyon hinaus befördern. Wasserfälle, ein tiefes Loch am Wegesrand, das Abenteurer zum Abseilen verlockt, Tunnel und ein kleiner Hain begleiten einen wieder zurück zum Parkplatz.

Info

Lage: Die Blue Mountains liegen etwa 1,5 bis 2 Std. westlich von Sydney. Bis Blackheath, von wo aus die Wanderung startet, sollte man 2 Std. Fahrt von der Innenstadt aus einplanen. Der Ort liegt noch hinter Katoomba und Medlow Bath.

Anfahrt:

- Die Blue Mountains sind über die Autobahn M4 erreichbar, die direkt in den Great Western Highway (A32) übergeht. Die Orte der Blue Mountains wie Wentworth Falls, Leura, Katoomba, Medlow

Bath und Blackheath reihen sich wie Perlen am Great Western Highway entlang.

- Wer kein Auto mieten möchte, der kann auch organisierte Bustouren in die Blue Mountains buchen oder mit dem Zug anreisen. Vom Hauptbahnhof in Sydney gelangt man mit der Blue Mountains Line einfach in die Blauen Berge.

Öffnungszeiten: Immer, außer bei/nach starken Regenfällen (siehe unten)

Achtung: Die Treppenstufen sind gut ausgebaut, trotzdem sollte man die Wanderung wirklich nur bei gutem Wetter unternehmen, denn nach Niederschlägen oder einem Gewitter werden nicht nur die Treppen zu rutschig, auch das kleine Bächlein durch den Canyon kann dann plötzlich zu einem reißenden Sturzbach anschwellen, der im engen Tal tödlich werden kann. Im Hochsommer sollte man zudem die Buschfeuergefahr ernst nehmen.

Eintritt: Gratis

Aktivitäten: Da das Klima in den Blue Mountains kühler ist als in Sydney, sind auch die Jahreszeiten deutlicher ausgeprägt. Im australischen Frühling (September bis November) blühen Sträucher und Bäume in herrlichen Farben und es lohnt ein Besuch des Campbell Rhododendron Gardens (Bacchante Street, Blackheath, NSW 2785, rhodogarden.org.au). Im Herbst (März bis Mai) verfärben sich die Blätter und im Winter (Juni bis August) gehören die „Christmas in July"-Feiern zum Höhepunkt des Veranstaltungskalenders. Durch die heißen Temperaturen im Dezember feiern die Australier Weihnachten mit allem was dazu gehört gerne im Juli nach.

Tipp: Während der Wanderung gibt es keine Verpflegungsmöglichkeiten. Also ausreichend Wasser und Essen mitbringen!

Unterkünfte:

- *Jemby-Rinjah Eco Lodge*, kleine Hütten mitten im Busch, gemütlich, aber nicht luxuriös, mit Papageienfütterung am Morgen. Der Wanderweg kann von hier aus zu Fuß erreicht werden, 336 Evans Lookout Road, Blackheath, NSW 2785, Tel: +61 2 4787 7622, E-Mail: info@jemby.com.au, www.jemby.com.au
- *Hydro Majestic Hotel*, edles Hotel mit dem Charme vergangener Zeiten, mit Panoramablick, mit dem Auto wenige Minuten von Blackheath entfernt, 52-88 Great Western Highway, Medlow Bath, NSW 2780, Tel: +61 2 4782 6885, E-Mail: reservations@hydromajestic.com.au, www.hydromajestic.com.au

12. Blue Mountains: Wasserfälle und gigantische Ausblicke

Eineinhalb Stunden Fahrt von Sydney entfernt im Blue Mountains-Örtchen Wentworth Falls bieten eine kurze und eine längere Wanderung zwei der besten Potpourris dessen, was die Blauen Berge ausmacht. Die Rede ist vom nur 1,8 Kilometer langen Princes Rock Track sowie dem dreieinhalbstündigen Rundweg National Pass.

Eindrucksvolle Ausblicke auf den Nationalpark, imposante Wasserfälle inklusive – das bieten zwei Wanderungen, die in Wentworth Falls starten, einem der ersten Orte in den Blue Mountains für all diejenigen, die aus Sydney anreisen. Wentworth Falls wurde nach einem der drei berühmten Forscher benannt, die die Blue Mountains 1813 einst erschlossen haben: William Wentworth.

Passend zum Namen hängt oft ein blauer Dunst über den Blauen Bergen.

Der National Pass-Wanderweg (www.nationalpass.com.au), der einst mit Spitzhacken, Schaufeln und Dynamit Anfang des 20. Jahrhunderts gebaut wurde, gilt als einer der schönsten Wanderwege Australiens. Trotzdem verpassen ihn die meisten Urlauber, welche die Blauen Berge meist in einer organisierten Bustour als Tagesausflug besuchen und dann nur die wichtigsten Sehenswürdigkeiten abhaken.

Die Flora hat teilweise etwas Archaisches.

Der Wanderweg startet am Picknickplatz in Wentworth Falls (Sir H Burrell Drive, Wentworth Falls) und ist ein etwa dreieinhalbstündiger Rundweg. Am Ende kann man sich mit einem Kaffee in der Conservation Hut (Fletcher Street, Wentworth Falls, www.nationalparks.nsw.gov.au/things-to-do/cafes-and-kiosks/conservation-hut), einem kleinen Café, in der Nähe des Picknickplatzes belohnen. Noch relativ am Anfang ist Fletchers Lookout einer der ersten Höhepunkte, dessen Blick einst schon den berühmten Naturforscher Charles Darwin beeindruckt hat. Insgesamt führt einen der Weg über sechs Kilometer in die Weiten der Eukalyptuswälder. Teils geht es über Stufen, teils leitet der Weg einen an Klippen entlang – gutes Schuhwerk und Trittsicherheit sind also wichtig. Wasserfälle wie die Queens Cascade oberhalb der Wentworth Falls und ein Bach, in dem man mit etwas Glück Süßwasserlangusten beobachten kann, sind weitere Stellen, die zum kurzen Verweilen einladen.

Anfänglich beginnt der Weg idyllisch und ruhig, doch nach einer Weile gewinnt er an Dramatik. Wer aufmerksam durch die Natur wandert, kann nicht nur Kookaburras und bunte Papageien entdecken, sondern auch das eine oder andere historische Überbleibsel aus den Zeiten des Baus. Höhepunkt in jeder Hinsicht ist die steile Treppe (The Grand Stairway), die

Die Wentworth Falls stürzen 187 Meter in die Tiefe.

sich am Rand der Klippe in die Tiefe windet und Ausblicke ins Tal gewährt, die nichts für schwache Nerven sind.

Danach geht es durch Regenwald weiter, und immer wieder begleitet einen Wasser während der Wanderung – mit den Wentworth Falls als Höhepunkt. Gegen Ende wandelt sich das Bild erneut dramatisch mit einer Landschaft, die mehr an das aride Zentrum Australiens erinnert. Sandsteinwände und uralte Grasbäume prägen das Bild, bis es erneut tropischer wird und Farne und weitere Wasserfälle den Wanderer erwarten.

Wer nicht viel Zeit mitbringt oder nicht fit genug ist für den National Pass, für den ist der 1,8 Kilometer lange, etwa einstündige historische Princes Rock Walking Track in Wentworth Falls eine gute Alternative. Denn auch diese Wanderung bietet wunderschöne Ausblicke, zum Beispiel auf den Mount Solitary und die Wentworth Falls. Der Weg startet ebenfalls vom Wentworth Falls-Picknickplatz und wurde bereits seit den 1890er-Jahren von Urlaubern erwandert.

Info

Lage: Die Blue Mountains liegen etwa 1,5 bis 2 Std. westlich von Sydney. Wentworth Falls ist einer der ersten Orte in den Blue Mountains, noch vor Leura und Katoomba. Ihn erreicht man im Normalfall in unter 1,5 Std. von Sydney aus, direkt nach Lawson und Bullaburra.

Anfahrt: Die Blue Mountains sind über die Autobahn M4 erreichbar, die direkt in den Great Western Highway (A32) übergeht. Wentworth Falls ist etwa 95 km westlich von Sydney gelegen.

Öffnungszeiten: Der Wanderweg ist immer geöffnet außer bei/nach starken Regenfällen oder Buschfeuern. Es lohnt auch vorab unter www.nationalparks.nsw.gov.au/things-to-do/walking-tracks/national-pass nachzulesen, ob Teilstücke wegen Reparaturarbeiten geschlossen sind.

Eintritt: Gratis.

Achtung: Wie bei allen Wanderungen in Nationalparks sollte man auf die Wetterbedingungen achten. Bei Regen werden die vielen Stufen zu rutschig; ist es heiß und trocken, darf die Buschfeuergefahr nicht außer Acht gelassen werden. Neben guten Schuhen müssen eine Kopfbedeckung, Sonnencreme und Wasser mit im Gepäck sein. Verpflegung könnte man beispielsweise in der Konditorei Schwarz, einem Café mit europäischen Backwaren, aufnehmen (30 Station Street, Wentworth Falls, NSW 2782, Tel: +61 2 4757 3300).

Aktivitäten:

- Von Wentworth Falls aus lohnt neben der berühmten Steinformation der Three Sisters am Echo Point in Katoomba auch ein Stopp am Aussichtspunkt Sublime Point am Ende der Sublime Point Road.
- Ebenfalls reizend ist ein Besuch in dem idyllischen Dörfchen Leura, das den Besucher mit seinem „Old World"-Charme in den Bann zieht. Passend dazu gibt es in Leura auch noch eine schöne Gartenanlage im europäischen Stil aus den 1930er-Jahren – die historischen Everglades Gardens (siehe Tipp 13, Seite 72) am Ende der Everglades Avenue – von wo aus sich ein weiterer herrlicher Blick, dieses Mal über das Jamison Valley, eröffnet.

Unterkünfte:

- In Wentworth Falls:
  Falls Mountain Retreat Blue Mountains, Selbstversorger-Apartments, The Avenue, Wentworth Falls, NSW 2782, Tel: +61 2 4757 8801, www.fallsmountainretreat.com.au
- In Leura:
  Fairmont Resort Blue Mountains, nettes Familienresort mit großem Park und Golfplatz, 1 Sublime Point Road, Leura, NSW 2780, Tel: +61 2 4785 0000, E-Mail: front.desk@fairmontresort.com.au, www.fairmontresort.com.au
- In Katoomba:
  Lilianfels Blue Mountains Resort & Spa, stilvolles 5-Sterne-Hotel mit tollem High Tea, 5-19 Lilianfels Avenue, Katoomba, NSW 2780, Tel: +61 2 4780 1200, E-Mail: reservations@lilianfels.com.au, www.lilianfels.com.au

13. Gartentour in und um die Blue Mountains

Auf dem Weg in die Blue Mountains und im Nationalpark der Blauen Berge befinden sich eine ganze Reihe wunderschön angelegter Gartenanlagen: Von Botanischen Gärten über europäisch gestaltete Parkanlagen bis hin zu einem Rhododendron-Garten kommen Pflanzenliebhaber in der Region auf ihre Kosten.

An der A9, einer Zubringerstraße zur Blue Mountains-Autobahn M4, gelegen ist der beeindruckende Botanic Garden Mount Annan (Narellan Road, Mount Annan, www.australianbotanicgarden.com.au). Der Garten beherbergt etwa 2000 Pflanzenarten und ist zudem das Zuhause der australischen PlantBank, ein wichtiges Forschungszentrum für die Flora der Region.

Im Mount Annan Botanical Garden

Im Labor der Pflanzenbank

Der Besuch des Gartens ist kostenlos – nur Touren, die vorab gebucht werden müssen, sind kostenpflichtig. Darunter ist eine nächtliche Erkundungstour, bei der es auch um die tierischen Bewohner im Park geht, die sich eher zur Dämmerung blicken lassen.

Ebenfalls lohnenswert ist eine Tour durch die Samenbank, die vergleichbar mit der berühmten Samenbank in Norwegen ist, im Tresor aber rein lokale Pflanzensamen aufbewahrt. Die Standardtouren sind kostenlos, aber Touren hinter die Kulissen müssen gebucht und bezahlt werden.

Direkt im Nationalpark der Blauen Berge gelegen ist dagegen der Blue Mountains Botanic Garden Mount Tomah (Bells Line of Road, Mount Tomah via Bilpin, www.bluemountainsbotanicgarden.com.au). Der Garten hat seinen Schwerpunkt auf Pflanzenarten kühlerer Klimazonen gelegt und beherbergt rund 21.000 Pflanzen und 900 Arten. Mitten im Garten kann man auch die sogenannte Jungle Lodge mit insgesamt vier Schlafzimmern buchen.

Zwei weitere schöne Gärten sind in den Blue Mountains gelegen, auch wenn sie keine Botanischen Gärten sind. Die Everglades Gardens (37 Everglades Ave, www.nationaltrust.org.au/places/everglades-house-gardens) in Leura sind eine europäisch anmutende Parkanlage mit historischen Häusern aus den 1930er-Jahren, herrlichen Ausblicken und viel Charme. In den 1930ern wurden sie von dem dänischen Gartenarchitekten Paul Sorensen angelegt.

Die zweite Anlage sind die Campbell Rhododendron Gardens in Blackheath (Bacchante Street, rhodogarden.org.au), die besonders im November, wenn die Sträucher voller Blüten sind, ein Augenschmaus sind. Am ersten Wochenende im November findet hier auch ein jährliches Rhododendron-Festival statt.

Everglades Gardens

Info

Lage: Die Blue Mountains liegen etwa 1,5 bis 2 Std. westlich von Sydney. Leura ist etwa 1,5 Std. von Sydney entfernt, bis Blackheath sollte man 2 Std. einrechnen. Die genannten Botanischen Gärten sind etwa 45 Min. Fahrt (Mount Annan) bzw. 90 Min. (Mount Tomah) von der Innenstadt entfernt.

Anfahrt:
- Die Blue Mountains sind über die Autobahn M4 erreichbar, die direkt in den Great Western Highway (A32) übergeht. Die Orte der Blue Mountains wie Wentworth Falls, Leura, Katoomba, Medlow Bath und Blackheath reihen sich wie Perlen am Great Western Highway entlang.
- Der Botanic Garden Mount Annan ist an der A9, einer Zubringerstraße zur Blue Mountains-Autobahn M4, gelegen, der Botanic Garden Mount Tomah an der Bells Line of Road via Bilpin.

Öffnungszeiten: Täglich

Eintritt: Die Botanischen Gärten und auch der Rhododendrongarten sind gratis, es sei denn, man entscheidet sich für organisierte Touren. Die Everglades Gardens kosten 13 AUD für Erwachsene und 4 AUD für Kinder.

Unterkünfte:
- *Jemby-Rinjah Eco Lodge*, kleine Hütten mitten im Busch, gemütlich, aber nicht luxuriös, mit Papageienfütterung am Morgen. 336 Evans Lookout Road, Blackheath, NSW 2785, Tel: +61 2 4787 7622, E-Mail: info@jemby.com.au, www.jemby.com.au
- *The Jungle Lodge*, im Blue Mountains Botanic Garden Mount Tomah gelegene Unterkunft, Bells Line of Road, via Bilpin, NSW 2758, Tel: +61 2 4567 3000, E-Mail: tomah@rbgsyd.nsw.gov.au, www.bluemountainsbotanicgarden.com.au
- *Fairmont Resort Blue Mountains*, nettes Familienresort mit großem Park und Golfplatz, 1 Sublime Point Road, Leura, NSW 2780, Tel: +61 2 4785 0000, E-Mail: front.desk@fairmontresort.com.au, www.fairmontresort.com.au

Anmerkung: Ein besonders faszinierender Garten ist auch der Japanische Garten in Cowra, das nicht weit weg ist von Canowindra, der Ballonhauptstadt Australiens (www.cowragarden.com.au).

14. Royal National Park: Unterwegs im ältesten Nationalpark Australiens

Der Royal National Park ist nach dem Yellowstone National Park in den USA der zweitälteste Nationalpark der Welt. Seit 1879 steht er unter Schutz. Seinen Namen erhielt der Park 1955, da Königin Elizabeth II. bei ihrem Besuch im Jahr zuvor mit dem Zug von Wollongong nach Sydney durch den Park gefahren war. Der Park bietet schöne Wandermöglichkeiten, darunter den kurzen Winifred Falls Trail.

Der Royal National Park bildet mit seiner 150 Quadratkilometer großen Fläche die natürliche südliche Grenze der Millionenmetropole Sydney. Rund 35 Kilometer vom Zentrum entfernt beginnen die ersten Ausläufer des Parks, der 1879 zum ersten Nationalpark Australiens ernannt wurde.

Je nach Jahreszeit füllt sich der Wasserfall.

Zum Park gehören einer der schönsten Küstenstreifen von New South Wales, elf Strände sowie unzählige Wasserlöcher wie die Karloo Pools oder die Deer Pools sowie zahlreiche Wasserfälle. Die bekanntesten Strände sind der Surfstrand Garie Beach, der zum Schwimmen geeignete Jibbon Beach und Wattamolla Beach, wo eine Lagune zum Planschen einlädt. Wanderfreunde können aus etlichen interessanten Touren auswählen, die sich über 100 Kilometer im Park erstrecken – von kurzen einstündigen Wegen bis zu mehrtägigen Wanderungen, die einen über 26 Kilometer an der Küste entlangführen. Letztere Wanderung ist der sogenannte Coastal Track vom Sydney-Vorort Bundeena bis nach Otford, der sich zwischen Mai und November auch zum Beobachten von Walen eignet. Andere beliebte Wanderungen sind der Curra Moors Loop Track oder der Forest Path Loop.

Ein kurzer, gut machbarer Weg für Familien führt zu den Winifred Falls, einem kleinen Wasserfall am South West Arm Creek, wo mehrere Wasserlöcher und Felsplattformen zum Planschen und Picknicken einladen.

Das erste Stück der halbstündigen, einen Kilometer langen Wanderung ist ein breiter, einfacher Weg, der einen etwa zehn Minuten durch dichtes Buschland mit Eukalypten und Banksien führt. Danach folgen einige steile Sektionen, die Trittfestigkeit erfordern, bevor sich vor einem eine kleine Oase aus Wasserlöchern und Wasserfällen eröffnet. Am schönsten ist der Ort nach frischen Regenfällen, dann sind sowohl die Winifred Falls üppiger als auch der 300 Meter flussabwärts gelegene South West Arm Pool mit frischem Wasser gefüllt.

Beim zweiten Teil der Wanderung wird es etwas steiler.

Am Wasserfall haben sich kleine Pools gebildet.

Info

Lage: Der Royal National Park ist etwa 50 bis 60 Min. südlich von Sydney gelegen. Je nach Verkehr können die knapp 40 km durch die Stadt gerade am Wochenende auch mal länger dauern. Vor allem in den Ferien oder an Feiertagen wird es manchmal so voll im Park, dass die Behörden einige Picknickbereiche und Parkplätze absperren.

Anfahrt:

- Von Sydney aus geht es auf die Autobahn M1 in Richtung Wollongong und später über den Princes Highway gen Süden. Der Royal National Park ist dabei gut ausgeschildert. Man kann an der Farnell Avenue südlich von Loftus abbiegen oder an der McKell Avenue in Waterfall.
- Der Park ist auch mit öffentlichen Verkehrsmitteln erreichbar. Man

kann entweder mit dem Zug nach Cronulla fahren und dann mit der Fähre nach Bundeena übersetzen und von dort aus zu Fuß in den Park marschieren oder mit dem Zug nach Loftus, Engadine, Heathcote oder Waterfall. Für die empfohlene Wanderung empfiehlt sich aber eher ein Mietauto.
- Zur erwähnten Wanderung gelangt man über die Warumbul Road, die vom Sir Bertram Stevens Drive abgeht. Direkt am Start der Wanderung ist ein kleiner Parkplatz.

Öffnungszeiten: Der Park ist im Normalfall von 7 Uhr morgens bis 20:30 Uhr am Abend geöffnet. Während Buschfeuern oder Stürmen wird er aber aus Sicherheitsgründen auch öfter geschlossen. Bitte vorab die Webseite kontrollieren: www.nationalparks.nsw.gov.au/visit-a-park/parks/royal-national-park

Eintritt: Wer mit dem Auto anreist, muss eine Gebühr in Höhe von 12 AUD bezahlen und das Ticket gut sichtbar im Auto platzieren.

Aktivitäten:
- Nach der Wanderung bieten sich die erwähnten Strände zum Ausspannen an. Am Wattamolla Beach befinden sich beispielsweise auch Grillstationen.
- Ein eindrucksvoller Anblick sind auch die Figure Eight Pools weiter südlich. Diese Wasserlöcher sind wie ein Acht geformt und eine bekannte Attraktion im Park. Allerdings ist auf der Steinplattform selbst Vorsicht geboten, da oft große Wellen vom Meer auf die Felsen schlagen.

Achtung: Wie bei allen Nationalparks gilt: Wanderungen gut planen – Wasser, Sonnenschutz, Hut und feste Schuhe nicht vergessen. Der Nationalpark ist weitläufig. Niemals vom Weg abgehen; andere über die eigenen Pläne informieren. Vorsicht bei den Klippen im Park: Von manchen springen Todesmutige waghalsig in die Lagunen. Dies ist offiziell verboten und es gab bereits Todesfälle!

Unterkünfte:
- *Tumbling Waters Retreat,* luxuriöses Hotel mit tollem Ausblick südlich des Parks, 31 Stonehaven Road, Stanwell Tops, NSW 2508, Tel: +61 2 4294 1888, E-Mail: info@twr.com.au, www.tumblingwatersretreat.com
- *Hilltop Cottage,* historische Unterkunft im Nationalpark, 154 Rathane Road, Royal National Park, NSW 2232, Tel: +61 4 2778 6848, E-Mail: rnpcottagemanagement@gmail.com, www.nationalparks.nsw.gov.au/camping-and-accommodation/accommodation/hilltop-cottage

15. Sea Cliff Bridge: Australiens spektakulärste Brücke

Neben den berühmten städtischen Brücken wie der Harbour Bridge in Sydney oder der Story Bridge in Brisbane ist die Sea Cliff Bridge südlich des Royal National Park eine der schönsten Brücken Australiens. Die Ausblicke auf Meer und Klippen machen die Strecke zu einer der beeindruckendsten Küstenfahrten und einem der besten Fotostopps in New South Wales.

Wer von Sydney aus Richtung Süden fährt, sollte sich die Zeit nehmen, durch den Royal National Park, den ältesten Nationalpark Australiens, zu fahren. Direkt im Anschluss an den Park und kurz vor der Küstenstadt Wollongong ist eine der schönsten Küstenstraßen von New South Wales, die in Teilstücken an die berühmte Great Ocean Road in Victoria erinnert.

Rund 70 Kilometer südlich von Sydney, direkt am Pazifik und neben hohen Klippen, windet sich hier eine Brücke (Lawrence Hargrave Drive, Wollongong), die in gewisser Weise in ihrer Form an eine Schlange erinnert: Die Sea Cliff Bridge. Die Fahrt über dem Meer ist für viele geradezu berauschend.

Brückenschild

Die Küstenstraße südlich von Sydney hat etwas von der Great Ocean Road.

Es lohnt auf alle Fälle, die Brücke auch zu Fuß zu erkunden (Parken südlich der Brücke) und zu sehen, ob man im Meer darunter Rochen oder andere Meerestiere entdeckt. Zwischen Mai und November kann man mit viel Glück sogar Wale von hier aus beobachten. Außerdem lohnt ein Stopp natürlich auch, um die Brücke und den Ausblick aufs Meer und die Küstenlandschaft zu fotografieren.

Insgesamt ist die Sea Cliff Bridge 665 Meter lang. Sie wurde im Dezember 2005 eröffnet und ersetzt eine Straße, die vor allem nach Unwettern häufig wegen Erdrutschen geschlossen war. Sie ist Teil des sogenannten Grand Pacific Drive – eine Fahrt, die über 140 Kilometer an der Küste entlang vom Royal National Park über Wollongong, Shellharbour, Kiama und Shoalhaven bis nach Nowra, fast 170 Kilometer südlich von Sydney, führt.

Auf der beeindruckenden Sea Cliff Bridge

Info

Lage: Die Sea Cliff Bridge ist etwa 70 Kilometer südlich von Sydney gelegen. Besonders schön ist dabei die Fahrt durch den Royal National Park. Da man diese langsam angehen sollte, lohnt es sich, 1 bis 1,5 Std. für die Fahrt einzuplanen.

Anfahrt:

- Das Besondere an der Brücke ist, dass sie trotz ihrer Lage südlich des Nationalparks gut mit öffentlichen Verkehrsmitteln erreichbar ist. Die nächstgelegene Zugstation ist Coalcliff an der South Coast Line. Von hier aus sind es nur rund 800 Meter bis zur Brücke (15 Min. zu Fuß). Auch die Premier Illawarra Buslinie Nr. 2 fährt zu der Brücke.
- Flexibler ist man aber natürlich mit dem Auto. Von Sydney aus geht es auf die Autobahn M1 in Richtung Wollongong und später über den Princes Highway gen Süden. Im Royal National Park angekommen, kann man den Park entweder auf dem Highway durchqueren und dann bei Waterfall in Richtung Küste und zur Brücke abfahren oder gemütlich auf den kleineren Straßen durch den Park fahren. Der Lady Wakehurst Drive leitet einen dann direkt zum Lawrence Hargrave Drive, wo sich am Wasser auch die berühmte Sea Cliff Bridge befindet.

Eintritt: Die Fahrt durch den Royal National Park kostet nichts. Will man jedoch parken und eine Wanderung machen, so fällt eine Gebühr in Höhe von 12 AUD an. Die Brücke selbst ist kostenlos.

Aktivitäten: Direkt neben dem Parkplatz südlich der Brücke liegt das Scarborough Hotel, ein nettes Café/Restaurant mit angeschlossenem Biergarten mit herrlichem Blick übers Meer. 383 Lawrence Hargrave Drive, Scarborough, NSW 2515, Tel: +61 2 4267 5444, thescarboroughhotel.com.au

Unterkünfte:

- *Tumbling Waters Retreat,* luxuriöses Hotel mit tollem Ausblick, 31 Stonehaven Road, Stanwell Tops, NSW 2508, Tel: +61 2 4294 1888, E-Mail: info@twr.com.au, www.tumblingwatersretreat.com
- *Hilltop Cottage,* historische Unterkunft im Nationalpark, 154 Rathane Road, Royal National Park, NSW 2232, Tel: +61 4 2778 6848, E-Mail: rnpcottagemanagement@gmail.com, www.nationalparks.nsw.gov.au/camping-and-accommodation/accommodation/hilltop-cottage

16. Höhlenabenteuer: Jenolan Caves, Wombeyan Caves und Yarrangobilly Caves

In den Blue Mountains sind die Jenolan Caves eine beeindruckende Attraktion. Doch nicht nur diese berühmten unterirdischen Grotten lohnen sich. Wer Höhlen liebt, sollte auch die weniger bekannten Wombeyan Caves in der Nähe von Goulbourn und die Yarrangobilly Caves in den Snowy Mountains erkunden.

Jenolan Caves

Etwa eine Stunde Fahrt von Katoomba, dem Hauptort der Blue Mountains, entfernt liegen die Jenolan Caves. Die idyllische Strecke verwandelt sich gegen Ende in eine waghalsige Serpentinenstraße am Berg entlang. Die Aborigines kannten die Kalkstein-Höhlen wohl schon früh, doch Europäer erkundeten das Höhlensystem erst in den 1830er-Jahren. Allerdings erzählen sich Einheimische die Geschichte eines Sträflings, der sich eventuell schon früher in den Höhlen vor der Polizei versteckt haben soll.

Die Höhlen führen Besucher tief in die Blue Mountains hinein. Im Inneren schmücken Felsformationen – Stalaktiten, Stalagmiten, Kalksteinsäulen und -vorhänge die Böden, Wände und Decken. Die Standardtour ist eineinhalb Stunden lang und führt 910 Stufen in die Erde hinab.

Viel Wissenswertes gilt es zu entdecken.

In den Wombeyan Caves

Eine weitere Tour, die Chifley's Secret Chambers Tour, ist ein klein wenig anspruchsvoller. Besucher müssen einen Helm und eine Kopflampe tragen, um in der Höhle den ursprünglichen Eingang und mehrere lang verborgene Kammern und Höhlen zu besichtigen. Während der Tour wird auch über die Technologie und die Elektrizität in der Höhle gesprochen. Empfehlenswert ist, vorab das Veranstaltungsprogramm der Höhlen zu studieren, denn immer wieder finden auch Konzerte in den unterirdischen Kammern statt.

Wer von Katoomba kommt, für den lohnt auch ein Stopp im historischen Dorf Hartley. Und wer am Nachmittag weiter bis nach Oberon fahren möchte, der kann dort in den schön angelegten Mayfield Gardens rasten (mayfieldgarden.com.au).

Wombeyan Caves

In den Wombeyan Caves, die einfach von Sydney (knapp 180 km südwestlich), der Hauptstadt Canberra (knapp 170 km nordöstlich) und dem Küstenort Wollongong (fast 230 km nordwestlich) zu erreichen sind, sind deutlich weniger Touristen unterwegs als noch in den Jenolan Caves. Übrigens könnte man einen Besuch der Höhlen sogar verbinden, da eine

Stalaktiten und Felsformationen in den Jenolan Caves

Straße von Oberon aus zu den Wombeyan Caves führt. Die Höhlen, die ein Labyrinth aus Tunneln, Bächen und Höhlen sind, können entweder über eine geführte Tour oder im Fall der Figtree Cave auch auf eigene Faust erkundet werden. In der Nähe der Höhlen sind auch etliche schöne Wanderwege, die zu Schwimmstellen und Wasserfällen führen. Am frühen Abend oder Morgen lassen sich am Zeltplatz, wo man auch kleine Hütten mieten kann, regelmäßig Kängurus blicken. Besonders schön ist die Region übrigens im Frühling, wenn zahlreiche Wildblumen den Busch zieren.

Yarrangobilly Caves

Die Yarrangobilly Caves sind ebenfalls wenig bekannt und bieten wie auch die anderen beiden Höhlen wunderschöne Felsformationen. Die sechs Höhlen, die wie in den Kalkstein hinein gemeißelt erscheinen, sind vor etwa 440 Millionen Jahren entstanden. Die Yarrangobilly Caves sind etwa drei Stunden Fahrt von Canberra oder fünfeinhalb Stunden Fahrt von

Sydney entfernt. Sie liegen im Koscuiszko National Park und bieten teils geführte Touren sowie im Fall der größten Höhle, der sogenannten South Glory, auch eine selbstgeführte Tour an.

Die Yarrangobilly Caves haben einen Extra-Bonus und das ist ein Thermalpool, der nur einen kurzen, etwa halbstündigen Spaziergang entfernt ist, ganzjährig angenehme 27 Grad hat und damit selbst im Winter zum Schwimmen einlädt.

Info

Lage: Die Jenolan Caves liegen in den Blue Mountains, etwa 3 Std. von Sydney entfernt. Die Wombeyan Caves sind ebenfalls etwas über 3 Std. von Sydney gelegen. Sie sind nördlich von Goulbourn. Die Yarrangobilly Caves sind am weitesten von Sydney entfernt. Sie befinden sich im Kosciuszko National Park, 3 Std. Fahrt von Canberra oder 5,5 Std. von Sydney entfernt.

Anfahrt:

- **Jenolan Caves:** Die Blue Mountains sind über die Autobahn M4 erreichbar, die direkt in den Great Western Highway (A32) übergeht. Nach Katoomba immer dem Highway folgen bis ins historische Dorf Hartley. Dort geht es links ab zu den Jenolan Caves. Die Jenolan Caves Road bringt einen bis in das Dorf Hampton und letztendlich über eine Serpentinenstraße bis zu den Jenolan Caves. Von Sydney kommend ist die teils enge Straße stets geöffnet. Doch die Rückfahrt muss man planen, da die Straße für die entgegengesetzte Richtung zwischen 11:45 Uhr und 13:15 Uhr gesperrt ist. Wer in dieser Zeit abfahren will, muss über die Edith Road und Oberon fahren. *Jenolan Caves*, 4655 Jenolan Caves Road, Jenolan, NSW 2790, Tel: +61 2 6359 3911, reception@jenolancaves.org.au, www.jenolancaves.org.au
- **Wombeyan Caves:** Sie können über die Abercrombie Road von Oberon (Nähe der Jenolan Caves) erreicht werden. Von hier aus sind es etwa 1,5 Std. Fahrt. Wer direkt von Sydney anreist, der sollte den South Western Motorway nach Casula nehmen, dann links auf den Hume Highway und nach etwa 65 km auf den Old Hume Highway nach Aylmerton fahren. Danach geht es rechts weg in die Wombeyan Caves Road (bei Woodlands) und auf dieser fährt man weitere 60 km bis zu den Höhlen. *Wombeyan Caves*, Wombeyan Karst Conservation Reserve, NSW, Tel: +61 2 4843 5976, E-Mail: wombeyan.caves@environment.nsw.gov.au, www.nationalparks.nsw.gov.au/visit-a-park/parks/wombeyan-karst-conservation-reserve
- **Yarrangobilly Caves:** Auch sie sind über den Hume Highway erreichbar. In diesem Fall geht es bei Gundagai in Richtung Tumut und auf der Gocup Road bis nach Tumut. Auf dem Snowy Mountains Highway fährt man etwa 75 km in Richtung Süden bis es nach rechts ab geht in die Yarrangobilly Caves Entrance Road. Diese ungeteerte Straße ist etwa 6 km lang und führt direkt zu den Höhlen. *Yarrangobilly Caves Visitor Centre*, Yarrangobilly Caves Entrance Road, ab Snowy Mountains Highway, Yarrangobilly Caves, NSW, Tel: +61 2 6454 9597, E-Mail: yarrangobilliy.caves@environment.nsw.gov.au, www.nationalparks.nsw.gov.au/visit-a-park/parks/yarrangobilly-area

Öffnungszeiten: Wie die meisten Orte sind auch die Höhlen an den Weihnachtsfeiertagen am 25. und teilweise auch am 26.12. geschlossen, ansonsten aber ganzjährig geöffnet.

Eintritt: Die Jenolan Caves kosten zwischen 40 und 45 AUD für Erwachsene, um die 30 AUD für Kinder und zwischen 85 und 95 AUD für Familien. Die Wombeyan Caves kosten 20 AUD pro Erwachsener und 13 AUD pro Kind sowie 50 AUD pro Familie. Bei den Yarrangobilly Caves ist eine Nationalparkgebühr in Höhe von derzeit 4 AUD pro Auto fällig.

Achtung: Wie bei allen Höhlenwanderungen sollte man darauf achten, warme Kleidung dabei zu haben und geschlossene, feste Schuhe zu tragen.

Aktivitäten:

- Alle Höhlen sind schön gelegen. Wanderungen zu Wasserfällen oder im Busch, zelten, Tiere beobachten und grillen lassen die Tage bei den Höhlen zu tollen Outdoorerlebnissen werden.
- Auf dem Weg zu den Jenolan Caves lohnt ein Stopp im historischen Dorf Hartley oder ein Besuch der Mayfield Gardens in Oberon (mayfieldgarden.com.au).
- Auf dem Weg zu den Wombeyan Caves könnte man einen Abstecher in die Southern Highlands einplanen!

Unterkünfte:

- **Jenolan Caves:** *Caves House*, ein historisches Hotel aus dem Jahr 1897, im alpinen Stil mit Zimmern in unterschiedlichen Preisklassen, Jenolan Caves, NSW 2790, Tel: +61 2 6359 3900. Außer dem Caves House gibt es noch die *Mountain Lodge,* moderne Zimmer im Motelstil sowie die *Jenolan Caves Cottages*, alle buchbar unter www.thebookingbutton.com.au/properties/jenolancavesdirect. All diese Angebote erhalten grundsätzlich gemischte Rezensionen von Gästen. Wer die etwa einstündige Anfahrt von Orten wie Leura oder Katoomba nicht scheut, sollte lieber in den schönen Hotels der Blue Mountains-Orte übernachten (siehe Tipp 12, Seite 71).
- **Wombeyan Caves:** Hier kann man zelten oder in einfachen Hütten übernachten, die über die Nationalpark-Verwaltung buchbar sind. Tel: +61 2 4843 5976, www.nationalparks.nsw.gov.au/camping-and-accommodation/accommodation/wombeyan-cabins
- **Yarrangobilly Caves:** Das *Yarrangobilly Caves House* ist wie die Höhlen selbst auch abgelegen von jeder Zivilisation. In dem charmanten Gästehaus gibt es keinen Handyempfang und auch der Autotank sollte voll sein. Essen und Trinken müssen ebenfalls für den gesamten Aufenthalt mitgenommen werden, denn die nächstgelegenen Orte Tumut und Adaminaby sind etwa eine Stunde entfernt. *Yarrangobilly Caves House*, buchbar über Yarrangobilly Caves Visitor Centre, Tel: +61 2 6454 9597, Yarrangobilly Caves Entrance Road, ab Snowy Mountains Highway, Yarrangobilly Caves, NSW

Südliches New South Wales

17. Berrima: Georgianisches Dorf in den Highlands
18. Southern Highlands: Wasserfall-Tour mit Ausblick
19. Bundanoon: Glühwürmchen und Radtouren
20. Kiamas Naturphänomene: Blowhole und Regenwald
21. Jervis Bay: Zum weißesten Sand der Welt
22. Milton: Kunsthandwerk, Meeresfrüchte und Kängurus am Strand
23. Bermagui: Angeln auf hoher See
24. Eden: Wal-Hauptstadt Australiens – Besuch bei Old Tom

Hyams Beach, einer der schönsten Strände in NSW

Wollongong
17. Berrima
Bowral
18. Southern Highlands
New South Wales
20. Kiama
19. Bundanoon
Goulburn
Nowra
21. Jervis Bay
Canberra
22. Milton
Ulladulla
Queanbeyan
Australian Capital Territory
Batemans Bay
Deua National Park
Tasmanische See
23. Bermagui
Bega
24. Eden
Victoria

17. Berrima: Georgianisches Dorf in den Highlands

Berrima ist einer der touristischeren Orte der Southern Highlands. Beinahe hätten wir ihn deswegen nicht in die Liste der 50 Highlights von New South Wales aufgenommen. Doch wer hinter die Kulisse der vielen Marmeladen- und Andenkenläden schaut, entdeckt ein historisches Kleinod, das Einblick in die Pionierzeit sowie in ein Stück deutsche Geschichte gibt.

Berrima nennt sich das besterhaltene georgianische Dorf auf Australiens Festland. Tatsächlich erlauben die historischen Gebäude der kleinen Ortschaft, die nur etwas über eineinhalb Stunden Fahrt von Sydney entfernt ist, einen Einblick in die teils harsche Pionierzeit der britischen Besiedlung, aber auch in ein Stück deutsche Geschichte.

Die touristische Seite des kleinen, historischen Ortes beiseite gelassen, muss man in die Vergangenheit Berrimas blicken. Ein Spaziergang durch die gut erhaltenen historischen Häuserzeilen macht einem die Zeitreise einfach. Berrima wurde einst in den 1830er-Jahren gegründet, zu einer Zeit, die von den großen Pionieren geprägt wurde, die den Kontinent erschlossen. Der Ort wurde auf Empfehlung eines Thomas Mitchell gebaut, der die Gegend 1828 erkundete und in der Nähe der heutigen Brücke über den Wingecarribee River zeltete.

Die Ortschaft wuchs schnell an. Keine zehn Jahre vergingen und es wurden ein Gerichtshof und ein Gefängnis gebaut, eine steinerne Brücke über den Fluss, und der Handel über die einstige Great South Road mit Sydney brachte etliche Händler und Reisende in das Dorf. In den 1860er-Jahren brach die prosperierende Wirtschaft jedoch plötzlich ein, da die Eisenbahnlinie, die die Attraktivität des Ortes nochmals steigern

Am Wingecarribee River in Berrima

Café im historischen Berrima

sollte, plötzlich doch nur bis Mittagong gebaut wurde. Als einziges Hotel überlebte das Surveyor General Inn, das noch heute seine Türen für Besucher in Berrima öffnet.

Später schloss sogar das Gefängnis des Ortes vorübergehend, doch während des Ersten Weltkrieges wurde es wieder eröffnet und zum Internierungslager für deutsche Seeleute, unter anderem vom deutschen Kriegsschiff SMS Emden. Dieses war im Kampf gegen die australische HMAS Sydney 1914 vor den Kokosinseln gesunken. 140 Männer starben damals, 136 Seeleute der Emden und vier der HMAS Sydney. 65 deutsche Soldaten wurden verwundet, 132 unversehrt in australische Kriegsgefangenschaft übernommen. Einige davon wurden nach Berrima gebracht, das das neue Zuhause von rund 300 Deutschen während der vierjährigen Kriegsgefangenschaft wurde.

Ein schöner Spaziergang am Wingecarribee River erlaubt Einblick in die Strukturen, die die Deutschen damals errichtet hatten. Denn zwischen 6 Uhr morgens und 18:30 Uhr am Abend durften die Männer sich frei bewegen. Nur über Nacht wurden sie im Gefängnis eingesperrt. Da sie nicht arbeiten mussten, bauten sie eine Brücke, Häuser, Gärten und Schiffe.

Anglikanische Kirche

Sie organisierten Regattas, Konzerte und Theaterabende. Der Wanderweg startet am Picknick- und Zeltplatz in Berrima und ist etwa 1,8 Kilometer lang (etwa 1 Std. Wanderzeit einplanen und Augen nach Schnabeltieren offenhalten!). Noch mehr Informationen über die deutsche Vergangenheit des Ortes gibt es auch im Museum am Market Place in Berrima zu sehen.

Info

Lage: Berrima ist etwa 1,5 Std. Fahrt von Sydney, knapp 2 Std. Fahrt von Canberra entfernt und ist über den Hume Highway erreichbar.

Anfahrt:

- Von Sydney aus kommend ist die Ausfahrt auf dem Hume Highway kurz nach der Abzweigung nach Mittagong. Berrima ist aber auch über Mittagong und Bowral erreichbar.
- Wer mit dem Zug anreist, kann bis Moss Vale fahren und von dort per Bus weiter nach Berrima fahren. Dies ist jedoch deutlich zeitintensiver als die Autofahrt und nicht unbedingt empfehlenswert.

Aktivitäten: *The Grape Escape*, organisierte, sehr individuell gestaltete Weintour in einige der Weinkellereien in der Umgebung, 209 Old Wingello Road Tallong, Mittagong, NSW 2575, Tel: +61 4 0767 7066, E-Mail: tours@grapeescape.net.au, grapeescape.net.au

Unterkünfte:

- *Peppers Craigieburn*, komfortables, schön gelegenes Hotel (außerhalb von Berrima), Centennial Road, Bowral, NSW 2576, Tel: +61 2 4862 8000, E-Mail: craigieburn.reception@peppers.com.au, www.pepperscraigieburn.com.au
- *The Loch*, hübsche Frühstückspension, 581 Greenhills Road, Berrima, NSW 2577, Tel: +61 4 2740 3187, E-Mail: accommodation@theloch.net.au, www.theloch.net.au
- *The Surveyor General Inn*, ältestes lizensiertes Hotel in Australien, günstige Motelzimmer, nicht luxuriös (hier muss das historische Erlebnis im Vordergrund stehen), 26 Old Hume Highway, Berrima, NSW 2577, Tel: +61 2 4877 1226, www.surveyorgeneralinn.com.au
- Ein weiteres historisches Übernachtungserlebnis können Historienfans in der *Settlers Hut* oder dem *Jellore Cottage* in Berrima haben. Beide in der Jellore Street in Berrima gelegen. Tel: +61 4 0495 1884, E-Mail: jellorecottage@yahoo.com.au, jellorecottage.com.au

18. Southern Highlands: Wasserfall-Tour mit Ausblick

Drei imposante Wasserfälle sind nur wenige Kilometer voneinander entfernt in den Southern Highlands, zwei Stunden südlich von Sydney. Die Fitzroy Falls, Belmore Falls und Carrington Falls stürzen in spektakulären Kaskaden in die tiefen Täler der Highlands, die deutlich weniger touristisch, dafür aber ähnlich schön sind wie die Blue Mountains.

Die Fitzroy Falls nach Regen

Fitzroy Falls, Belmore Falls und Carrington Falls – sie sind alle in der Nähe des kleinen Örtchens Robertson, das zwischen dem Budderoo National Park und dem Morton National Park etwas über zwei Stunden südlich von Sydney liegt.

Jeder der drei Wasserfälle ist für sich ein Erlebnis: Fitzroy Falls kommt mit herrlichen Ausblicken versehen, die Belmore Falls fallen in drei Stufen in die Tiefe und die Carrington Falls stürzen in eine geradezu atemberaubende Tiefe hinab.

Alle drei Wasserfälle können an einem Tag besucht werden – ideal ist es, mit den Fitzroy Falls zu starten, dann weiter zu den Belmore Falls zu fahren und zum krönenden Abschluss bei den Carrington Falls zu stoppen.

Die Fitzroy Falls sind im Morton National Park gelegen. Ein Besucherzentrum mit angeschlossenem Café informiert über die Fauna und Flora der Region sowie über das indigene Kulturerbe, bevor man über einen kurzen, gut ausgebauten Weg in wenigen Minuten bis zum Hauptaussichtspunkt kommt. Von dort aus sind nicht nur die Fitzroy Falls zu bewundern, sondern auch der Blick in die Ferne – in ein weites Tal und auf Eukalyptuswälder –, der eindeutig an die deutlich berühmteren Blue Mountains erinnert. Die Wasserfälle selbst stürzen etwa 80 Meter in die Tiefe. Auf dem Wanderweg, der sich noch weiter in den Nationalpark hineinzieht und noch häufiger schöne Ausblicke ins Tal und auf den Wasserfall gewährt, hat man die Chance Vögel, Schnabeltiere oder Wombats zu sehen. Im Frühling ist der Weg oft von bunten Wildblumen gesäumt.

Sally Beresford

Die Belmore Falls liegen ebenfalls im Morton National Park und sind besonders schön, da sie in drei Stufen von einem natürlich geformten Schwimmbad zum nächsten in die Tiefe fallen. Vom Parkplatz aus geht man etwa 800 Meter auf einem Wanderweg bis zum Hindmarsh Lookout, von wo aus sich der Blick auf den Dreifach-Wasserfall öffnet.

Einer von Sallys liebevoll gearbeiteten Tische.

Die Carrington Falls sind im Budderoo National Park gelegen und von drei Aussichtspunkten aus zu sehen. Diese Wasserfälle stürzen rund 150 Meter in die Tiefe – ein eindrucksvoller Anblick, vor allem wenn die Wasserfälle nach Regen ausreichend Wasser führen. Von den Carrington Falls lohnt ein Abstecher zu Nellies Glen, einem kleinen, natürlich entstandenen Badesee.

Im Morton National Park

Info

Lage: Die drei Wasserfälle sind rund 2 Std. südlich von Sydney gelegen, in der Nähe des Southern Highland-Ortes Robertson. Sie sind jeweils etwa 20 Min. Fahrt voneinander entfernt und ein schöner Tagesausflug.

Anfahrt: Die Wasserfälle sind von Sydney aus über den Hume Highway erreichbar. In die Southern Highlands führt die Ausfahrt in Richtung Mittagong. Von hier aus immer der Bundesstraße B73 folgen, durch Bowral hindurch bis es links nach Moss Vale und Robertson abgeht.

- Die Fitzroy Falls sind wie auch die Belmore Falls im Morton National Park und vom Illawarra Highway über die Pearsons Lane und die Myra Vale Road erreichbar, die zum Besucherzentrum führt.
- Die Belmore Falls sind ebenfalls über die Pearsons Lane, die vom Illawarra Highway abgeht, erreichbar. Von dieser Straße aus geht es links ab in die Belmore Falls Road. Diese Straße ist ungeteert und führt zudem über den Barrengarry Creek. Das heißt, sie ist nur bei gutem Wetter passierbar.

- Die Carrington Falls sind im Budderoo National Park gelegen und von Robertson aus über die Jamberoo Mountain Road erreichbar, von der es nach rechts in die Cloony Road abgeht, die zu den Aussichtspunkten führt.

Öffnungszeiten: Ganzjährig geöffnet außer während Buschfeuern oder Extremwetterlagen. Vor allem die Belmore Falls können nur bei gutem Wetter besucht werden.

Achtung: Die Wasserfälle animieren Besucher immer wieder, für gewagte Selfies oder ein erfrischendes Bad über die Absperrungen zu klettern und sich damit in gefährliches Territorium zu begeben. Bitte auf den Wegen bleiben und Warnschilder beachten!

Eintritt: Auf den Parkplätzen für die jeweiligen Wasserfälle fallen Parkgebühren an.

Aktivitäten:

- Ein Kaffeestopp bietet sich bei den Fitzroy Falls an, während Fans der australischen Küche in Robertsons Pie Shop (4400 Illawarra Hwy, Robertson NSW 2577) auf einen der berühmten Fleischkuchen (*meat pie*) zu Mittag stoppen können.
- In Robertson befindet sich übrigens auch eines der vielen „Big Things", übergroße Skulpturen, die sehr auffällig und nur selten schön anzusehen sind. In Robertson ist es „The Big Potato", die „Große Kartoffel".
- Ein Zwischenstopp – entweder zum Essen, auf ein Glas Wein oder zum Antiquitäten einkaufen, lohnt in Mount Ashby. Die Eigentümerin Sally Beresford ist eine warmherzige, exzentrische Gastgeberin, die eigene Holzstämme aus Frankreich importiert und daraus große Esstische tischlert, die weit über die Southern Highlands hinaus berühmt sind.
  Mount Ashby, 128 Nowra Road, Moss Vale, NSW 2577, Tel: +61 2 4869 4792, E-Mail: events@mountashby.com.au, mountashby.com.au und www.sallyberesford.com.au

Unterkünfte:

- *The Robertson Hotel*, edles, geschichtsträchtiges Hotel, 1 Fountaindale Road, Robertson, NSW 2677, Tel: +61 2 4885 1111, E-Mail: info@TheRobertsonHotel.com, therobertsonhotel.com
- *The Castle*, kleine, eher exzentrische Pension mit mittelalterlichem Flair, die vom Charme ihrer beiden Gastgeber Ken und Graeme lebt, 60 The Old Road, Robertson, NSW 2677, Tel: +61 2 4885 1750, E-Mail: castle@thecastleaccom.com, thecastleaccom.com

19. Bundanoon: Glühwürmchen und Radtouren

Bundanoon ist einer der weniger bekannten Orte in den Southern Highlands. Nur etwas über eineinhalb Stunden Autofahrt von Sydney entfernt finden sich hier nicht nur etliche Hotels zum Ausspannen und Regenerieren, sondern auch Aktivitäten für die ganze Familie – von Radtouren im Nationalpark bis hin zu einer abendlichen Wanderung zu einer Glühwürmchenhöhle.

Drei größere Orte liegen in den Southern Highlands: Dies sind Bowral, Mittagong und Moss Vale. Dort gibt es größere Supermärkte und Restaurants, doch allen drei Orten geht der Charme der kleineren Ortschaften ab, die sich deutlich besser für einen Wochenendausflug anbieten.

Ein kleines, oft übersehenes Örtchen ist Bundanoon, das sich selbst mit den Worten rühmt, es sei die „Quintessential Southern Highlands

Blick über den Morton National Park

Experience". Ob das dann doch ein wenig übertrieben ist, soll jeder selbst beurteilen, doch Bundanoon hat alles, was man für ein entspanntes Wochenende im Grünen braucht.

Zum einen ist es nur eineinhalb Stunden Fahrt von Sydney entfernt und lohnt damit schon für nur eine Übernachtung. Zum anderen bietet die Region für Erwachsene wie Kinder Spaß: Neben Golfplätzen, netten Cafés und Antiquitätenläden kann man hier Fahrräder ausleihen, um bei einer Radtour den Morton National Park zu erkunden.

Die sogenannte Bundanoon Cycling Route ist ein 14 Kilometer langer Radweg, für den man etwa drei Stunden einplanen sollte. Man kann direkt in Bundanoon starten (Radverleih mit angeschlossenem Café: Ye Olde Bicycle Shop, 5-9 Church Street, Bundanoon) oder vom Gambells Rest-Picknickplatz (Karte: www.nationalparks.nsw.gov.au/things-to-do/cycling-trails/bundanoon-cycling-route/map). Der Pfad, der durch den

Wald mit vielen einheimischen Eukalyptusbäumen und Banksien führt, kommt an mehreren Aussichtspunkten im Morton National Park vorbei: Stopps lohnen sich bei Tooths, Sunrise Point und Grand Canyon. Mal kurz vom Rad absteigen und den Blick in die weiten Täler werfen, die Erinnerungen an die Blue Mountains hervorrufen.

Ein kleines Abenteuer für Groß und Klein ist die sogenannte Glow Worm Glen. Am besten startet man die Wanderung zum Sonnenuntergang. Es dauert etwa eine halbe Stunde, um die Höhle zu erreichen. Der Weg ist nicht ganz einfach, sodass es definitiv lohnt, für den Rückweg eine Taschenlampe oder sogar eine Kopflampe für jeden Wanderer dabei zu haben. Am besten sieht man die kleinen Glühwürmchen zwischen Dezember und Februar.

Wandmalerei in Bundanoon

Die Tour beginnt in der William Street in Bundanoon. Am oberen Ende der Straße kann man gut parken und von hier startet auch die Wanderung. In der Höhle selbst leuchtet es im Dunkeln in vielen Nischen und Eckchen auf. Wichtig ist, Taschenlampen frühzeitig auszuschalten und das Areal leise zu betreten, ansonsten ziehen sich die Glühwürmchen zurück. Zum Schutz der Tiere sollte man zudem nicht rauchen oder Insektenschutzmittel tragen und nicht versuchen die Tiere anzufassen.

Glühwürmchen sind übrigens konträr zu ihrem Namen keine Würmer, sondern die Larven der Pilzmücke. Diese Larven schlüpfen nach etwas über einer Woche aus den etwa 130 Eiern, die eine ausgewachsene Pilzmücke legt, bevor sie stirbt. Die Larven halten sich in kleinen Rissen und Nischen in Felsen auf und leuchten aufgrund einer chemischen Reaktion zwischen ihrer Körperflüssigkeit und Sauerstoff.

Info

Lage: Bundanoon ist etwas über 90 Min. Fahrt von Sydney oder von Canberra aus gelegen.

Anfahrt: Bundanoon ist über den Hume Highway erreichbar. In den Ort selbst führt die Ausfahrt in Richtung Mittagong. Die Hauptstraße führt einen durch Bowral, Moss Vale und Sutton Forest, wo es links nach Exeter abgeht und von dort aus direkt nach Bundanoon.

Öffnungszeiten: Immer, doch die Glühwürmchen sind am besten zwischen Dezember und Februar zu sehen.

Achtung: Gutes Schuhwerk und Taschenlampen sind ein Muss bei der nächtlichen Wanderung zu den Glühwürmchen.

Eintritt: Gratis

Unterkünfte:

- *Peppers Manor House,* schön gelegenes, stilvolles Landhaus, Kater Road, Sutton Forest, NSW 2577, Tel: +61 2 4860 3111, E-Mail: manorhouse@peppers.com.au, www.peppers.com.au/manorhouse
- *Gibraltar Hotel Bowral,* modernes Hotel mit Golfplatz, 7 Boronia Street, Bowral, NSW 2576, Tel: +61 2 4862 8600, E-Mail: reservations@gibraltarbowral.com.au, www.gibraltarbowral.com.au
- *Briars Country Lodge & Inn,* historisches Gasthaus (zum Zeitpunkt des Drucks geschlossen aufgrund Renovierung) und ordentliche Motelzimmer in schöner Umgebung, 653 Moss Vale Road, Bowral, NSW 2576, Tel: +61 2 4868 3566, E-Mail: briars@briars.com.au, www.briars.com.au

20. Kiamas Naturphänomene: Blowhole und Regenwald

Südlich von Sydney – etwa 120 Kilometer oder rund eineinhalb Stunden Fahrt entfernt – liegt der kleine Ort Kiama. Er lohnt sich für einen Kurzaufenthalt oder einen Zwischenstopp für diejenigen, die die Südküste Sydneys erforschen wollen. Attraktionen sind ein Blasloch, ein hübscher Leuchtturm und etwas außerhalb ein Stück Regenwald, in dem man sich in der Zeit zurückversetzt fühlt.

Kiamas Hauptattraktion ist ohne Frage das am Leuchtturm gelegene Blowhole, das laut Tourismusverband das weltweit größte seiner Art sein soll. Es wird bereits seit hundert Jahren von Urlaubern besucht. Je nach Tide und Wetter kann man hier das Meerwasser auf einen Felsendurchlass donnern und dann in der Innenseite zum Land hin geneigt in die Höhe spritzen sehen. Ist das Meer stürmisch, so kann es geradezu aufsehenerregende Fontänen geben. Auch der Blick über die Absperrungen ins Meer lohnt. Der Hexenkessel, der dort im Pazifik wütet, ist furchterregend und faszinierend zugleich.

Der Name Kiama stammt von einem Aborigine-Wort ab – Kiaram-a. Dies übersetzen zumindest einige indigene Quellen mit den Worten „Wo das Meer Lärm macht“. Kiama ist auch ein Zentrum für Fischer und so kann man direkt am Hafen fangfrische *fish 'n' chips* essen. Allerdings muss man dabei ein Auge auf die recht gierigen Möwen und Pelikane haben, die ebenfalls etwas abhaben wollen.

Pelikane am Hafen in Kiama

Ganz in der Nähe von Kiama (im Inland gelegen) führt von der Jamberoo Mountain Road eine Stichstraße zum Minnamurra Rainforest ab. Das überschaubare Areal, das man in weniger als einer Stunde durchwandern kann, gehört zum Budderoo National Park. Ein gut ausgebauter Rundweg führt durch den teils archaisch anmutenden Wald. Wer Glück hat, kann hier Schnabeltiere (auf Englisch Platypus) oder den sogenannten Echidna, einen Schnabeligel, beobachten. Beides sind eher scheue Beuteltiere und die einzigen Eier legenden Säugetiere der Welt. Einfacher zu sehen ist einer der schillerndsten Vögel der Umgebung, der Lyrebird (oder auf deutsch Leierschwanz).

Von Minnamurra startet auch ein 22 Kilometer langer Küstenwanderweg, der bis nach Kiama und das nochmal südlicher gelegene Gerringong führt. Die Region südlich von Sydney ist zudem eine Schatzkiste für geschichtlich Interessierte. Der sogenannte Seven Mile Beach südlich von Gerringong (10 km südlich von Kiama über den Princes Highway) war 1933 Schauplatz des ersten kommerziellen Fluges zwischen Australien und Neuseeland. Australiens Flugpionier Sir Charles Kingsford Smith saß damals am Steuer. Nochmals 14 Kilometer weiter am Highway liegt das kleine Dörfchen Berry, in dem es neben Antiquitäten- und Andenkenläden

Kangaroo Valleys berühmte Brücke

auch viele nette Cafés gibt. Einige der Häuser in Berry datieren noch auf die erste Besiedelung der Region durch Alexander Berry, der dem Ort auch seinen Namen gegeben hat.

Von Berry aus ist es nicht mehr weit ins idyllisch gelegene Kangaroo Valley. Für den 20 Kilometer langen Abstecher über die Kangaroo Valley Road, die einen teils in Serpentinen über einen Berg führt, muss man knapp 30 Minuten Fahrt einplanen. Im Örtchen Kangaroo Valley entschädigt einen eine hübsche historische Brücke am Ortsende für die Strapaze. Die Hampden Bridge wurde einst 1898 eröffnet und ersetzte eine hölzerne Brücke, die bereits in Verfall war und die sechs Tage nach Eröffnung der neuen Steinbrücke von einer großen Flut weggespült wurde. In dem nahe gelegenen Zeltplatz Bendeela lassen sich vor allem am Spätnachmittag gut Kängurus und Wombats beobachten.

Blowhole in Aktion

Info

Lage: Kiama ist 120 km oder rund 1,5 Std. südlich von Sydney gelegen. Es ist auch einfach von den Blue Mountains oder von Canberra erreichbar. Von dort sollte man etwa 2,5 Std. Fahrt einrechnen.

Anfahrt:

- Von Sydney aus geht es per Auto über die Autobahn M1 und später den Princes Highway (A1) in Richtung Süden, von Canberra aus folgt man dem Hume Highway und sticht dann durch die Southern Highlands hindurch nach Kiama.
- Per Zug nimmt man von Sydney aus die South Coast Line, die auch in Wollongong stoppt (www.sydneytrains.info), per Bus bieten Premier Motor Service (www.premierms.com.au) und Greyhound Australia (www.greyhound.com.au) eine Verbindung nach Kiama an.

Öffnungszeiten: Das Blowhole ist ganzjährig geöffnet und es gilt: Je stürmischer es ist, umso eindrucksvoller ist die Fontäne. Der Minnamurra Rainforest ist zwischen 9 und 17 Uhr zugänglich und nur am Weihnachtstag geschlossen.

Achtung: Das Blowhole und das aufgewühlte Meer sind toll anzusehen. Zum Baden oder für waghalsige Abenteuer eignen sich die rauen Gewässer am Leuchtturm nicht. Unbedingt die Warnschilder beachten – und nicht auf den Felsen außerhalb der Absperrungen herumklettern!

Eintritt: Gratis im Fall des Blasloches, der Zugang zum Minnamurra Rainforest kostet pro Auto 12 AUD. Der Rundweg durch den Wald startet direkt im Minnamurra Rainforest Centre, Tel: +61 2 4236 0469

Unterkünfte:

- *Shutters by the Sea,* romantische Unterkunft für Paare, 37 Tingira Crescent, Kiama, NSW 2533, Tel: +61 4 0833 2118, E-Mail: info@shutterskiama.com, www.shutterskiama.com
- *Blowhole Point Road Kiama Harbour Cabins,* kleine, gut ausgestattete Hütten/Cottages direkt unter dem Leuchtturm, ideal für Familien, Blowhole Point, Kiama, NSW 2533, Tel: +61 2 4232 2707, E-Mail: blowhole@kiamacoast.com.au, www.kiamacoast.com.au/kiama-harbour-cabins

21. Jervis Bay: Zum weißesten Sand der Welt

Die Jervis Bay liegt rund drei Stunden Fahrt von Sydney entfernt. Sie wird gerne als Juwel der Südküste bezeichnet. Der Hyams Beach soll angeblich den weißesten Sand der Welt haben. An der Küste tummeln sich Delfine und von Mai bis November auch Wale.

Die Region südlich von Sydney wird häufig ein wenig stiefmütterlich behandelt. Ausländische Urlauber fahren in die Blue Mountains im Westen der Millionenmetropole oder nach Norden in Richtung Byron Bay, doch die Südküste wird gerne mal übersehen. Dabei ist vor allem die Jervis Bay, eine etwa 15 Kilometer messende Bucht, ein Ort, der einem ein vielfältiges australisches Erlebnis bietet. Vom Hauptort Huskisson, wo sich

Blütenpracht in der Jervis Bay

die meisten Hotels, Restaurants und Cafés befinden, starten Boote für Delfin- und Waltouren (letztere finden zwischen Mai und November statt, wenn die Riesensäuger zwischen der Antarktis und ihren Brutorten in Queensland hin- und herziehen). An der Küste lassen sich mit Glück aber auch die kleinen Zwergpinguine Australiens sowie Seebären beobachten. Der Booderee National Park ist eine Mischung aus wilder Buschlandschaft, schroffen Küstenlandschaften und idyllischen Buchten. Ureinwohner aus der Region bieten Touren an, bei denen man nicht nur den Busch kennenlernt, sondern auch in einem Workshop Kunsthandwerk (Flechten) lernen oder bei einem Lagerfeuer Geschichten hören kann (Galamban Aboriginal Tours – siehe Aktivitäten).

Hyams Beach erinnert ein wenig an ein tropisches Paradies, obwohl man an der Südküste von New South Wales ganz sicher nicht in den Tropen ist. Doch der weiße Sand und die scheinbar perfekt platzierten Felsen haben etwas an sich, das einen sofort in Urlaubsstimmung versetzt. Wer nach dem Schwimmen, Schnorcheln, Stand-up Paddeln oder Sonnen am Strand Energie tanken muss: Direkt am Strand ist ein nettes kleines Café, in dem es guten Kaffee, aber auch eine große Auswahl an leckeren Gerichten und Kuchen gibt (Hyams Beach Store and Café, 76 Cyrus Street, Hyams Beach, www.hyamsbeachcafe.com.au).

Auch Wandern ist eine schöne Option in der Region: Direkt am Hyams Beach startet der Hyams Beach Trail (2 km, etwas über 1 Std.), der besonders bei Hobby-Ornithologen beliebt ist, da man zahlreiche Vögel, darunter die schönen roten Rosellasittiche, beobachten kann. Die Wanderung, die auch Bird Spotter's Walk genannt wird und in den Jervis Bay National Park hineinführt, startet am südlichen Ende des Strands.

Das Cape St George Lighthouse

Eine weitere empfehlenswerte Wanderung ist der White Sands Walk, bei dem Spaziergänger auch am berühmten Hyams Beach vorbeikommen. Startpunkt ist der Picknickplatz Greenfield Beach in dem kleinen Ort Vincentia (neben Huskisson und Hyams Beach der dritte kleine Ort an der Jervis Bay), etwas nördlich von Hyams Beach. Für die Wanderung (2,5 km), während der man durchaus auch vom Ufer aus Delfine im Wasser beoachten kann, sollte man 90 Minuten einplanen.

Im Süden des Booderee National Park führt ein weiterer wunderschöner Spazierweg vom Wreck Bay Village an der Summercloud Bay, einem Aborigine-Dorf, in dem knapp 200 Ureinwohner leben, um die Halbinsel herum bis nach St Georges Head. Auf dem Weg kommen Spaziergänger an einsamen Stränden, Klippen und Waldstücken vorbei. Alternativ starten von hier auch andere acht bis zehn Kilometer lange Tracks, die am Leuchtturm des Cape St George enden.

Die Ruinen des historischen Leuchtturms, der einen Besuch lohnt, haben eine interessante Geschichte. Einst im 19. Jahrhundert erbaut, da die steinige und raue Küste etliche Schiffsunglücke verursacht hatte, war der Leuchtturm nur kurzzeitig in Betrieb. Nach mangelhaften Recherchen und Planungen wurde er nämlich an einer wenig geeigneten Stelle gebaut (was etliche Streitigkeiten zur Folge hatte) und wurde fast 40 Jahre später deswegen durch einen neuen Leuchtturm ersetzt. Cape St George wurde zudem Zeuge mehrerer Unglücke und tragischer Todesfälle – Krankheiten, Unfälle, Haiattacken und das tödliche Spiel zweier Teenager (währenddessen ein junges Mädchen unabsichtlich ein anderes erschoss) verleihen dem Ort bis heute etwas Geheimnisvolles.

Hyams Beach

Info

Lage: Die Jervis Bay ist knapp 200 km oder rund 3 Std. südlich von Sydney gelegen.

Anfahrt:

- Mit dem Auto geht es immer Richtung Süden, über die M1 und den Princes Highway. Auf der Strecke kommt man durch den Royal National Park, der Sydneys Häusermeer nach Süden hin begrenzt. Wollongong, die nächstgrößere Stadt südlich von Sydney, ist etwa 1,5 Std. Fahrt entfernt. Danach führt der Highway einen nach Kiama (mit seinem berühmten Blowhole und Leuchtturm) und später ins hübsche Berry – beide Orte lohnen für einen Kaffeestopp. Auf dem gleichen Highway geht es schließlich bis nach Nowra. Kurz nach Nowra leitet einen dann schon die Jervis Bay Road nach links zur Bucht. Nochmal links in die Huskisson Road eingebogen, geht es dann zum Hauptort Huskisson.
- Vom Flughafen in Sydney gibt es auch einen Jervis Bay Airport Express (www.jervisbayairportexpress.net), einen Shuttlebus, der einen einfach nach Jervis Bay und zurück bringt. Alternativ kann man mit dem Zug vom Hauptbahnhof in Sydney bis nach Nowra fahren. Vor Ort empfiehlt es sich aber definitiv, ein Auto zu mieten.

Aktivitäten:

- In der Region werden verschiedenste Bootstouren angeboten. Die Touren starten im Hafenbereich von Huskisson und es gibt mehrere Anbieter zur Auswahl. Meist reicht es am Morgen oder tags zuvor zu buchen.
  Dolphin Watch Cruises, Tel: +61 2 4441 6311, 50 Owen Street, Huskisson, NSW 2540, E-Mail: cruises@dolphinwatch.com.au, www.dolphinwatch.com.au
- *Galamban Extraordinary Aboriginal Experiences*, Aborigines-Tour im Nationalpark, Wreck Bay Aboriginal Community, via Jervis Bay Booderee National Park, Jervis Bay, NSW 2540, Tel: +61 2 4442 1117, E-Mail: galamban@gmail.com, www.galamban.net

Unterkünfte:

- *Hyams Beach Seaside Cottages*, romantische Hütten am Meer, 53-55 Cyrus Street, Hyams Beach, NSW 2540, Tel: +61 2 4443 0242, E-Mail: bookings@holidayscollection.com.au, www.hyamsbeachseasidecottages.com.au
- *Paperbark Camp*, Luxuscamping im Busch, 571 Woollamia Road, Woollamia, NSW 2540, Tel: +61 2 4441 6066, E-Mail: info@paperbarkcamp.com.au, www.paperbarkcamp.com.au
- *Sandholme Guesthouse*, stilvolle, altmodische Pension, 2 Jervis Street, Huskisson, NSW 2540, Tel: +61 2 4441 8855, E-Mail: guesthouse@sandholme.com.au, www.sandholme.com.au

22. Milton: Kunsthandwerk, Meeresfrüchte und Kängurus am Strand

Etwa vier Stunden südlich von Sydney liegt der kleine beschauliche Ort Milton, der für sein Kunsthandwerk bekannt ist. Milton ist ein idealer Standort, um Ausflüge zum Strandort Mollymook zu machen, aber auch für einige interessante Tiererlebnisse. So kann man am nördlich gelegenen Washerwomans Beach Stachelrochen füttern und sich am Pebbly Beach zu Kängurus gesellen.

Milton ist fast schon zu weit von Sydney entfernt für einen kurzen Wochenendaufenthalt. Hauptgrund, mehr Zeit einzuplanen, ist aber, dass die Region so interessant ist, dass man mindestens drei bis vier Tage braucht, um sie zu erkunden. Rund vier Stunden ist man von Sydney aus unterwegs, auch wenn es im Internet heißt, man könne es auch in drei Stunden schaffen. Die Fahrt geht jedoch teils an der Küste entlang und führt durch recht hübsche Landschaft und ist somit an sich schon ein Vergnügen. Hetzen sollte man also nicht, sondern lieber interessante Zwischenstopps in Kiama oder Berry einplanen.

Töpfern in Milton

Milton selbst ist eher beschaulich, bietet jedoch alles, was man so braucht. Eine ansehnliche Ladenzeile mit einigen sehenswerten historischen Häusern bildet das Zentrum. Neben Schlemmereien in Restaurants und Cafés kann man in Antiquitätengeschäften und Galerien stöbern. In der Region leben viele Künstler und so ist auch das Angebot an Kunsthandwerk groß. Manche der Pensionen und Vermieter bieten Kurse an – vom Schokoladenkurs bis zum Töpfererlebnis. Letzteres Atelier ist an die gemütlichen Milton Country Cottages angeschlossen. Kees Staps, ein freundlicher, holländischer Auswanderer, zaubert dort geschmackvolle Tonwaren und lässt einen nach Anmeldung auch selbst formen und basteln. Sein Töpferkurs ist nicht nur für Kinder interessant, für die Staps eine Menge

Geduld mitbringt, sondern ist ein geradezu therapeutischer Ausgleich für jedermann. Wer gut plant, der kann am ersten Samstag im Monat auch die Milton Village Markets besuchen und dort lokale Delikatessen und Kunsthandwerk einkaufen.

Rick Steins berühmtes Lokal in Mollymook

Von Milton aus lohnen sich Abstecher nach Norden und Süden. Am Washerwomans Beach in Bendalong hängen normalerweise gleich mehrere Stachelrochen im flachen Wasser am Ufer herum und warten auf die Fischreste lokaler Fischer. Man kann recht nah an sie herangehen und sie unter Umständen sogar mit füttern, muss aber dabei beachten, dass Stachelrochen einen Giftstachel besitzen, den sie durchaus zum Einsatz bringen, sollte man versehentlich auf sie steigen oder sie bedrohen.

Ein weiterer Tagesausflug sollte ins südlich gelegene Mollymook führen. Dort besitzt der deutschstämmige Brite und Promikoch Rick Stein hoch über dem weißen Sandstrand des Ortes ein hübsches Hotel und Restaurant, das sich auf Fisch und Meeresfrüchte spezialisiert hat. Mollymook selbst könnte wie auch Milton als Standort für einen mehrtägigen Besuch dienen. Neben dem ausgezeichneten Essen lädt der Strand zum Spazieren und gerade bei Ebbe zum Beobachten des Getiers auf den Felsplattformen ein.

Wer sich fürs Fischen interessiert, sollte einen Abstecher ins ebenfalls nahe gelegene Ulladulla planen. Der Ort ist ein Fischereizentrum und bietet daher wenig für Touristen, doch den kleinen Fischerhafen anzuschauen, ist durchaus interessant.

Die Umgebung von Ulladulla hat dabei jedoch eine Menge zu bieten: Wanderungen führen zu den Berggipfeln des Pigeon House Mountain (5 bis 6 km, rund 3 Std., anspruchsvoll, aber mit schönen Blicken) oder zu The Castle (11 km, rund 10 Std., anspruchsvolle Tagestour für erfahrene Wanderer), beide im Morton National Park. Wer aufmerksam durch die Natur geht und früh am Morgen startet, sollte schon hier zahlreiche einheimische Vogelarten, Kängurus und mit etwas Glück auch Wombats oder Schnabeligel (Echidnas) beobachten können.

Kängurus gibt es vor allem am Morgen und zur Dämmerung auch am Pebbly Beach zu sehen, der zwischen Ulladulla und Batemans Bay liegt. Wer ein völlig naturverbundenes langes Wochenende plant, könnte auch am Pebbly Beach zelten (Buchungen: Tel: +61 2 4478 6582 , www.nationalparks.nsw.gov.au/camping-and-accommodation/campgrounds/pebbly-beach-campground-murramarang-national-park).

Die gesamte Gegend ist landschaftlich schön, und der Murramarang National Park rahmt mit seinen Büschen und Eukalypten den Strand so perfekt ein, dass man – gepaart mit den tierischen Besuchern – glauben könnte, man ist in einer Werbebroschüre für Australien gelandet.

Info

Lage: Milton ist 230 km von Sydney oder rund 4 Std. Fahrt entfernt.

Anfahrt: Milton ist wie auch Kiama von Sydney aus über die Autobahn M1 und später den Princes Highway (A1) erreichbar, der immer weiter nach Süden führt. Den nahe gelegenen größeren Ort Ulladulla kann man zwar auch per Flieger, Zug oder Bus (siehe auch Kiama, Tipp 20, Seite 104) erreichen. Doch da die Höhepunkte die Region und nicht ein einzelner Ort sind, ist ein Mietauto in diesem Fall eigentlich unverzichtbar. Auch die Anfahrt von Sydney aus lohnt bereits – der Weg ist hier das Ziel!

Achtung: Bei der Begegnung mit Wildtieren, seien es Stachelrochen oder Kängurus, nie zu übermütig werden. Auch wenn die Tiere scheinbar zahm erscheinen, sollte man beim Berühren vorsichtig sein. Ebenfalls Vorsicht und gute Vorbereitung erfordern die genannten Wanderungen, die einige Höhenmeter überwinden und neben einer guten Fitness auch das richtige Wetter (weder regnerisch noch zu heiß) erfordern.

Idyllischer Strand in Mollymook

Aktivitäten:

- In Milton können Geschichtsinteressierte für Samstagabend eine Geister-/Geschichtstour buchen, die Besucher mit Gespenstergeschichten unterhält, dabei aber auch viel historisches Wissen vermittelt, E-Mail: history@ulladulla.info, www.ghosttourbookings.com.au/ghost-tours/ghost-walks-of-milton-nsw
- Indigenes Wissen vermittelt die Organisation Nura Gunyu. Hier bieten Ureinwohner aus der Region Informatives über Nahrungsmittel im Busch sowie kulturelle Camps und Workshops, in denen sie das jahrtausendealte Wissen der Aborigines mit Besuchern teilen. Tel: +61 4 0564 6911, E-Mail: nuragunyu@gmail.com, www.nuragunyu.com.au

Unterkünfte:

- *Milton Country Cottages,* gemütliche Hütten mitten im Busch mit Töpferei, 83 Egans Farm Lane, Yatte Yattah, NSW 2539, Tel: +61 4 1746 7880, E-Mail: enquiries@miltoncountrycottages.com.au, miltoncountrycottages.com.au
- *Milton Country Retreat,* hübsche Cottages mit Schokoladen-Workshop, 142e Woodburn Road, Morton, NSW 2538, Tel: +61 4 0862 7167, E-Mail: enquiries@miltoncountryretreat.com.au, www.miltoncottages.com.au
- *Bannisters,* Rick Steins Hotel und Restaurant in Mollymook, 191 Mitchell Parade, Mollymook, NSW 2539, Tel: +61 2 4455 3044, E-Mail: info@bannisters.com.au, www.bannisters.com.au

23. Bermagui: Angeln auf hoher See

Knapp 400 Kilometer oder über fünf Stunden Fahrt von Sydney gelegen ist das charmante Örtchen Bermagui. Die sogenannte Sapphire Coast, wie der Küstenabschnitt heißt, ist eine der idyllischsten Regionen in New South Wales. Bermagui selbst ist idealer Ausgangsort für Fischer: Angler holen hier regelmäßig stattliche Speerfische (Marlin) und Gelbflossenthun aus dem Meer.

Auch Bermagui ist ein wenig zu weit von Sydney entfernt, um einen Wochenendausflug zu planen, doch ein verlängertes Wochenende oder eine Woche Urlaub am Meer – gemischt mit Wandern, Baden und Fischen – verspricht Erholung pur. Bermagui ist Urlaubs- und Fischerort in einem, berühmt für seine Angebote beim Hochseefischen.

Bermagui hat Charme und ist wie Byron Bay im Norden schon lange zum teuren „Aussteigerort" für so manchen wohlhabenden Sydneysider geworden, der dem Alltagsstress der Großstadt den Rücken zukehren wollte. Besonders schön ist es am Hafen, der mit seinen vielen Booten und

Der Blue Pool in Bermagui

Bermagui

Jachten ein idyllisches Bild malt. Beliebter Treffpunkt ist dort der Fishermen's Wharf-Komplex, wo man frischen Fisch und frische Meeresfrüchte kaufen, aber auch nett essen, Kaffee trinken und einkaufen kann.

Wer nicht nur ausspannen, am Strand spielen und baden will, der sollte sich mindestens einen Tagesausflug auf einem Boot gönnen. Vor allem Hochseefischer kommen vor der Küste Bermaguis auf ihre Kosten. Die warmen Frühlingsströme bringen Marlin und Gelbflossenthun in die Region und Charterboote nehmen Touristen mit hinaus zum Angeln. Der amerikanische Western-Autor Zane Grey hat schon in den 1930er-Jahren über seine Erfahrungen beim Hochseefischen in Bermagui im Magazin „An American Angler" geschrieben. Heute ist deswegen der Stadtpark nach ihm benannt und das örtliche Hotel (Bermagui Beach Hotel) stellt Fotos und Erinnerungsstücke seiner Zeit in der Stadt aus.

Besonders schön ist es, die Küste entlang zu fahren und an den Aussichtspunkten zu stoppen, die den Blick auf teils dramatische Klippen freigeben. Beeindruckend ist beispielsweise der Michael Lerner Lookout, drei Kilometer südlich von Bermagui. Ein weiterer kleiner Ausflug sollte zur Horseshoe Bay und dem blauen Pool führen. Horseshoe Bay ist einer der beliebten Surfstrände des Ortes, der Blue Pool ein großer Salzwasserpool, der zum Planschen und Schwimmen einlädt.

Nicht übersehen darf man auch den Camel Rock, der mit etwas Fantasie durchaus einem Kamel ähnelt. Die Felsformation ist ab der Wallaga Lake Road in Richtung Norden gelegen und hat ihren Namen von den

Sonnenaufgang am Wallaga Lake

ersten Europäern in der Region, George Bass und Matthew Flinders, 1798 erhalten. Vom Camel Rock startet auch eine der zahlreichen schönen Wanderungen in der Region – die eineinhalb Kilometer lange Wanderung zum Horse Head Rock, die einen an der eindrucksvollen Sapphire Coast entlangführt.

Info

Lage: Bermagui liegt rund 380 km südlich von Sydney an der Küste. Es ist mit dem Auto über den Princes Highway in etwas über 5 Std. von Sydney aus erreichbar. Melbourne ist rund 670 km (Minimum: 8 Std. Fahrt) entfernt. In Canberra ist man dagegen in nur 3,5 Std.

Anfahrt:

- Von Sydney aus geht es immer den Princes Highway (A1) entlang bis nach Tilba Tilba, wo die Bermagui Road (Tilba Tilba) abgeht, die später in die Wallaga Lake Road übergeht. Diese leitet einen dann direkt bis nach Bermagui.
- Wer in die Region fliegen möchte, kann dies mit der regionalen Fluglinie Rex (www.rex.com.au) tun. Der nächstgelegene Flughafen ist Merimbula, 70 km südlich von Bermagui. Zeit spart man dadurch aber nicht unbedingt.

Aktivitäten:

- Neben den im Text genannten Aktivitäten besuchen viele auch gerne das Montreal Goldfield, das 7 km nördlich an der Wallaga Lake Road liegt. Es gibt Besuchern Einblick in die Zeit des Goldrausches und lässt einen über das Verschwinden einiger Einheimischer im 19. Jahrhundert rätseln.
  Montreal Goldfield, 769 Wallaga Lake Road, Bermagui, NSW 2546, Tel: +61 2 6493 3054, www.montrealgoldfield.org.au
- Für Bootsausflüge zum Hochseefischen gibt es eine Reihe von Anbietern, z. B.: *Hot Fishing Charters*, Bermagui Harbour, Bermagui, NSW 2546, Tel: +61 4 28 99 5400, www.hotfishing.com.au

Unterkünfte:

- *The Anchorage*, hübsches Apartmenthotel, 2 West Street, Bermagui, NSW 2546: Tel: +61 2 6493 3308, E-Mail: hello@theanchoragebermagui.com.au, www.theanchoragebermagui.com.au
- *Harbourview Motel*, große, ordentliche Zimmer, 56-58 Lamont Street, Bermagui, NSW 2546, Tel: +61 2 6493 5213 E-Mail: enquiries@harbourviewmotel.com.au, www.harbourviewmotel.com.au
- *Tanja Lagoon Camp*, Luxus-Camping 35 km südlich von Bermagui, 142 Haigh's Road, Tanja, NSW 2550, Tel: +61 2 6494 0123, www.tanjalagooncamp.com.au

24. Eden: Wal-Hauptstadt Australiens – Besuch bei Old Tom

Eden ist auf halbem Weg zwischen Sydney und Melbourne gelegen, am Rande der Twofold Bay, dem dritttiefsten Naturhafen der südlichen Hemisphäre. In Eden befindet sich nicht nur ein Museum über Wale, es ist auch einer der besten Orte in New South Wales, um die großen Säuger während einer Tour zu erleben.

Wussten Sie, dass der kleine Ort Eden an der Ostküste Australiens nur knapp den Hauptstadttitel verpasst hat? Denn als der Präsident des Landesberufungsgerichts Alexander Oliver vor über hundert Jahren einen möglichen Standort für eine neue Hauptstadt empfehlen sollte, kam er im Oktober 1900 zu dem Schluss, dass Bombala, zusammen mit dem nahe gelegenen Hafen von Eden, die Hauptstadt sein sollte. Oliver hatte persönlich 23 der 45 vorgeschlagenen Standorte, darunter Bathurst, Orange und Dalgety, inspiziert, doch Eden war sein Favorit. Trotz der perfekten Lage am Meer und genau mittig zwischen Melbourne und Sydney wurde nichts aus dem Traum und Eden versank wieder in die Abgeschiedenheit, die heute einen Teil seines Charmes ausmacht.

Am Killer Whale Museum

Das Herz und die Seele von Eden ist die Twofold Bay, deren Küste früher voller Walfangstationen war und wo „Old Tom", der legendäre Killerwal, dessen Geschichte im Eden Killer Whale Museum oder auf der selbstgeführten Tour namens Killer Whale Trail erzählt wird, gelebt hat.

Die Orcas von Eden sind bis heute legendär: Zwischen 1840 und 1930 sollen sie Walfängern bei der Jagd auf Bartenwale geholfen haben, indem sie die Tiere in seichtere Gewässer drängten und, nachdem die Jäger sie getötet hatten, selbst auch von der blutigen Jagd profitierten.

Eden selbst ist bis heute ein Fischereizentrum, doch an die Vergangenheit als Walfangort erinnern heute nur noch das Museum und einige Informationstafeln. Hat man früher die Säuger gejagt, um sie zu töten, so ist man inzwischen nur noch darauf aus, ein Foto zu schießen. Auch die Orcas von damals sind schon lange aus der Region verschwunden.

Neben dem Fokus auf die historischen Walfanggeschichten und die Touren, die zwischen Mai und November angeboten werden, besticht Eden vor allem durch seine schönen Küstenlandschaften und die zahlreichen Nationalparks und damit verbundenen Wandermöglichkeiten. Der Ben Boyd National Park nördlich und südlich von Eden, die State Forests, die die Stadt umgeben, und das Nadgee Nature Reserve sind es wert, erkundet zu werden.

Im Ben Boyd National Park

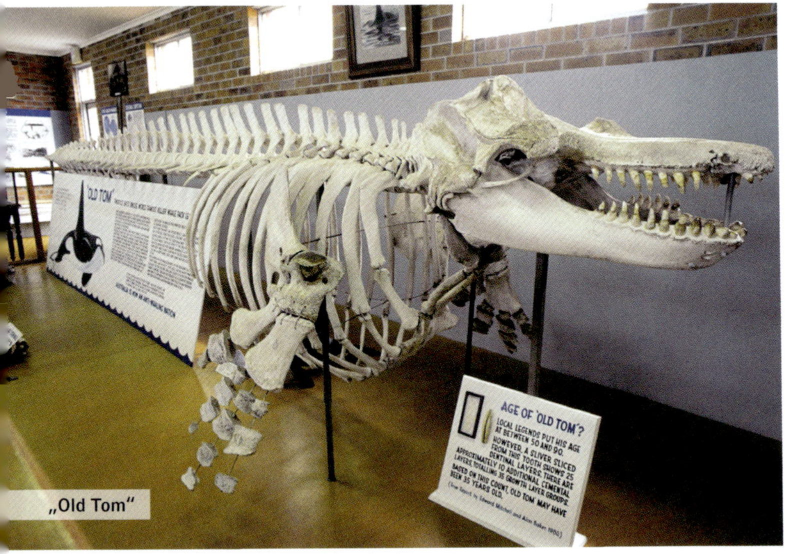
'OLD TOM'
AGE OF 'OLD TOM'?
LOCAL LEGENDS PUT HIS AGE AT BETWEEN 50 AND 90.
HOWEVER, A SLIVER SLICED FROM THIS TOOTH SHOWS 25 DENTINAL LAYERS. THERE ARE APPROXIMATELY 10 ADDITIONAL CEMENTAL LAYERS, TOTALLING 35 GROWTH LAYER GROUPS.
BASED ON THIS COUNT, OLD TOM MAY HAVE BEEN 35 YEARS OLD.
„Old Tom"

Wal

Eine empfehlenswerte und einfache Wanderung ist beispielsweise der sechs Kilometer lange *boardwalk* am Lake Curalo. Der Weg eignet sich selbst für Kinderwagen oder Rollstuhlfahrer. Er umkreist den See und führt an Teebaum-Wald, Salzmarsch und idyllischen Picknickplätzen am See vorbei.

Besonders für Familien zu empfehlen ist auch ein Besuch im Sapphire Marine Discovery Centre am Eden Wharf in Snug Cove (253 Imlay Street, Eden, www.sapphirecoastdiscovery.com.au), um mehr über Wale und andere Meereslebewesen zu lernen.

Info

Lage: Eden liegt rund 480 km südlich von Sydney an der Küste. Es ist mit dem Auto über den Princes Highway in etwas über 6 Std. von Sydney aus erreichbar. Melbourne ist in etwa die gleiche Distanz entfernt. In Canberra ist man dagegen in etwas über 3 Std.

Anfahrt:

- Von Sydney aus geht es immer den Princes Highway (A1) entlang über Nowra, Ulladulla und Tilba Tilba bis nach Eden.
- Wer in die Region fliegen möchte, kann dies mit der regionalen Fluglinie Rex (www.rex.com.au) tun. Der nächstgelegene Flughafen ist Merimbula, weniger als 30 km nördlich von Eden.

Aktivitäten:

- Auf Walbeobachtung kann man zwischen Mai und November von den zahlreichen Aussichtspunkten aus gehen oder mithilfe einer Bootstour, z. B. mit *Cat Balou Cruises*, Weecoon Street, Eden, NSW 2551, Tel: +61 4 2796 2027, E-Mail: info@catbalou.com.au, www.catbalou.com.au
- *Eden Killer Whale* Museum, das berühmte Museum wurde ursprünglich gebaut, um das Skelett von „Old Tom" zu beherbergen, 184 Imlay Street, Eden, NSW 2551, Tel: +61 2 6496 2094, E-Mail: promo@killerwhalemuseum.com.au, killerwhalemuseum.com.au

Unterkünfte:

- *Coachman's Eden*, ordentliches Motel, 46 Princes Highway (cnr Irene Crescent), Eden, NSW 2551, Tel: +61 2 6496 1900, coachmanseden.com.au
- *The Seahorse Inn*, luxuriöses, von Gärten umgebenes Hotel, Boydtown Park Road, Boydtown, NSW 2551, Tel: +61 2 6496 1361, E-Mail: reception@seahorseinnhotel.com.au, www.seahorseinnhotel.com.au

MAD
15.02.14

Nördliches New South Wales

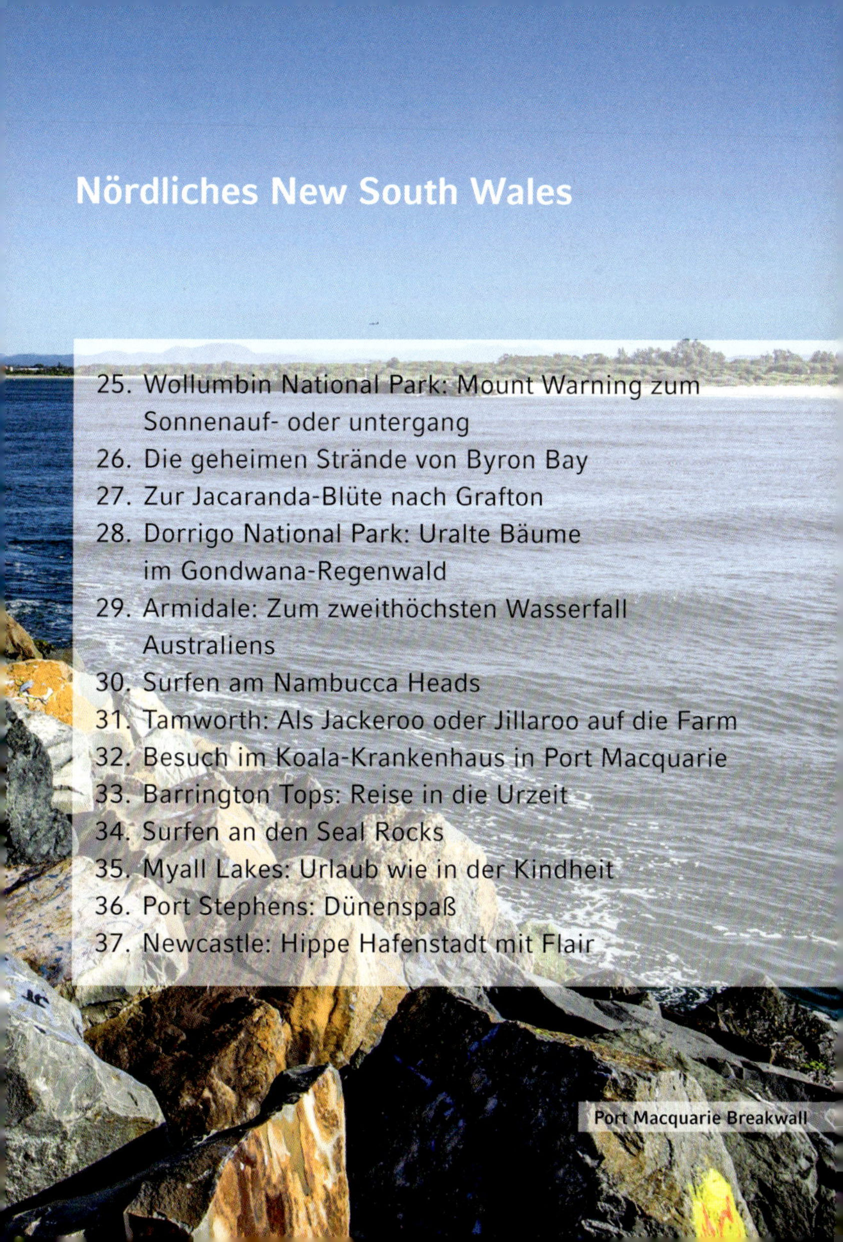

25. Wollumbin National Park: Mount Warning zum Sonnenauf- oder untergang
26. Die geheimen Strände von Byron Bay
27. Zur Jacaranda-Blüte nach Grafton
28. Dorrigo National Park: Uralte Bäume im Gondwana-Regenwald
29. Armidale: Zum zweithöchsten Wasserfall Australiens
30. Surfen am Nambucca Heads
31. Tamworth: Als Jackeroo oder Jillaroo auf die Farm
32. Besuch im Koala-Krankenhaus in Port Macquarie
33. Barrington Tops: Reise in die Urzeit
34. Surfen an den Seal Rocks
35. Myall Lakes: Urlaub wie in der Kindheit
36. Port Stephens: Dünenspaß
37. Newcastle: Hippe Hafenstadt mit Flair

Port Macquarie Breakwall

Gold Coast
Warwick
Queensland
25. Wollumbin National Park
Korallenmeer
Stanthorpe
26. Byron Bay
New South Wales
Inverell
27. Grafton
Coffs Harbour
28. Dorrigo National Park
29. Armidale
30. Nambucca Heads
Walcha
Willi Willi National Park
Tasmanische See
31. Tamworth
32. Port Macquarie
33. Barrington Tops
Taree
Forster
Muswellbrook
34. Seal Rocks
35. Myall Lakes
36. Port Stephens
37. Newcastle

25. Wollumbin National Park: Mount Warning zum Sonnenauf- oder untergang

Ein fast mystischer Ort ist Mount Warning, ein Berg der Tweed Range in der Northern Rivers Region von New South Wales. Als Teil eines alten, inzwischen verschwundenen Vulkans hat der Berg spezielle Bedeutung für die lokalen Aborigines – die Bundjalung People. Mehrere Wanderungen geben vor allem zum Sonnenauf- oder untergang schöne Blicke auf den imposanten Berg preis.

Am Mount Warning (Aborigine-Name: Wollumbin) im Wollumbin National Park ist man bereits kurz vor der nördlichen Grenze nach Queensland. Der nächstgelegene Ort Murwillumbah ist rund 14 Kilometer westlich. Ein Tagesausflug oder ein Wochenende in der Region lassen sich gut mit einem Aufenthalt an der Gold Coast (Queensland) oder in Byron Bay (NSW) verbinden.

Mount Warnings Schönheit fiel bereits James Cook auf, der 1770 die Küste absegelte und ihm den heutigen Namen gab. Nicht nur der berühmte Berg, sondern auch seine Umgebung – eine Region mit dem ältesten subtropischen Regenwald der Welt und netten, kleinen Orten mit Märkten und Kunsthandwerk – lohnen einen Besuch.

Auf der Wanderung durch den Regenwald

Aber zurück zum Mount Warning: Der 1156 Meter hohe Berg hat große Bedeutung für die lokalen Ureinwohner. Der Legende nach war Wollumbin, wie die Bundjalung People ihn nennen, ein großer Vogel, der von einem Krieger aufgespießt wurde. Den todbringenden Speer sieht man noch heute als Spitze auf dem Gipfel ragen. Andere Dreamtime-Geschichten erzählen von kämpfenden Kriegern, die der Grund seien, warum es so viele Gewitter mit Blitz und Donner am Gipfel gebe.

In der Nähe des Berges starten gleich mehrere lohnenswerte Wanderungen: Der Lyrebird Track durch den Breakfast Creek, der sich über 200 Meter durch Palmenwald zu einer Aussichtsplattform im tropischen Regenwald schlängelt, ist ein gut machbarer Weg für die gesamte Familie. Er ist nur etwa 600 Meter lang und kann in 15 bis 45 Minuten bewältigt werden, je nachdem, wie schnell man sich von dem schönen Aussichtspunkt wieder lösen kann.

Besonders beeindruckende Blicke auf den Mount Warning erwarten einen auf dem ebenfalls kurzen und gut machbaren Pinnacle Walk im Border

Blick auf Mount Warning

Ranges National Park. Rund 800 Meter (30 bis 45 Min.) lang wird man auf diesem Weg mit einem weitläufigen Ausblick auf den Berg, das Tweed Valley und den Regenwald belohnt.
Empfehlenswert ist auch der vier Kilometer lange Pholis Gap Walking Track im nahe gelegenen Nightcap National Park, für den man rund zwei Stunden einplanen sollte. Auch hier sind spektakuläre Ausblicke mit inbegriffen.

Die erwähnten kürzeren Wege lohnen sich besonders, um den Sonnenauf- oder -untergang am Mount Warning zu beobachten.

Tweed Range

Info

Lage: Der Mount Warning ist mindestens 9 bis 10 Std. Fahrt oder rund 820 km von Sydney entfernt. Brisbane, die Hauptstadt des Bundesstaates Queensland, ist dagegen nur knapp 2 Std. oder 150 km weit weg.

Anfahrt:

- Von Sydney aus immer dem Pacific Highway A1/M1 folgen. Man kommt dabei an Newcastle, Port Macquarie, Coffs Harbour, Grafton und Byron Bay vorbei. Von Brisbane aus nimmt man ebenfalls die M1. Nach Byron Bay (von Sydney aus) – von hier aus sind es etwa noch 60 Min. Fahrt – geht es auf den Tweed Valley Way (Brunswick Valley Way/Tourist Drive 40/Murwillumbah, später Mistral Road, Bakers Road) bis es links abgeht auf die Kyogle Road, die einen direkt zum Nationalpark bringt und am Ende Mount Warning Road heißt.
- Byron Bay und auch die Gold Coast (bereits im Bundesstaat Queensland) werden von verschiedenen Airlines angeflogen und bieten sich ebenfalls für einen Besuch an.

Achtung: Neben den beschriebenen Wanderwegen könnte man auch den Gipfel des Mount Warning erklimmen. Doch die lokalen Aborigines wünschen dies eigentlich nicht und aus Respekt vor ihrer Kultur sollten sich Besucher an diese Wünsche halten. Zudem ist der Gipfelweg relativ steil und gefährlich und würde gute Vorbereitung und ein hohes Fitnesslevel benötigen.

Unterkünfte:

- *Mavis's Kitchen & Cabins*, direkt am Fuß des Mount Warning, 64 Mt Warning Road, Uki, NSW 2484, Tel: +61 2 66795664, maviseskitchen.com.au
- *Mt Warning Bed and Breakfast Retreat*, inmitten eines schönen Gartens und Regenwaldgebietes gelegen, 73 Mount Warning Road, Mount Warning, NSW 2484, Tel: +61 2 6679 5259, www.mtwarningretreat.com.au
- *Mt Warning Rainforest Retreat*, luxuriöses Regenwaldresort, 112 Mount Warning Road, Mount Warning, NSW 2484. Tel: +61 2 6679 5063, www.mtwarningrainforestretreat.com.au

Tropischer Regenwald

26. Die geheimen Strände von Byron Bay

Rund 770 Kilometer nördlich von Sydney gelegen ist einer der beliebtesten Strandorte Australiens: Byron Bay. Das als Hippie- und Surferort bekannte Städtchen hat es selbst Hollywoodstars wie Matt Damon oder Chris Hemsworth angetan. Neben vielen Wellnessangeboten laden vor allem die eher versteckten, weniger bekannten Strände zum Verweilen und Entspannen ein.

Neun bis zehn Stunden Fahrt von Sydney entfernt liegt Byron Bay an der Nordküste von New South Wales. Der Ort selbst wirkt auf den ersten Blick verschlafen. Zumindest scheinen die Uhren hier ein wenig langsamer zu gehen. Doch Byron Bay hat seinen ganz eigenen Charme: Viele kreative Köpfe haben sich hier angesiedelt – Schauspieler, Schriftsteller, Künstler und Erfinder. Viele leben alternativ, bauen Obst und Gemüse an, halten Hühner und züchten Bienen. Ein junger Mann hat daraus sogar ein Geschäft gemacht und einen neuartigen Bienenstock entwickelt, für den er Investitionen in Millionenhöhe aus der ganzen Welt eingesammelt hat.

Auf der Nordküste der Byron Bay

Das markante Bild des Ortes ist der Leuchtturm, der wie ein Mahnmal zwischen den gigantischen Hauptstränden des Ortes thront. Er steht am östlichsten Punkt Australiens. Dominiert wird das Leben von Bewohnern und Besuchern gleichermaßen vom Strand: Hier wird flaniert, gesportelt und gesurft. Hier an der Nordküste von New South Wales finden sich zudem die besten Wellen Australiens – der Point Break (was in der deutschen Übersetzung nicht umsonst „gefährliche Brandung" bedeutet) bei Angourie und die Wellen am Lennox Head, beide südlich von Byron Bay gelegen.

Wategos Beach

Auch weniger erfahrene Surfer können sich an den Stränden Byron Bays beim Surfunterricht in die Wellen stürzen. Kajaktouren erkunden die Küstengewässer, wo es Schildkröten, Rochen oder Delfine zu sehen gibt. Zu den beliebtesten Stränden gehören Main Beach und Clarkes Beach sowie Tallows Beach und die Wategos Beaches. Little Wategos ist der östlichste Strand Australiens, der zu Fuß erreichbar ist. Der abgelegene White Beach, der nicht ganz einfach zu erreichen ist, liegt am Broken Head. Er war ein absoluter Geheimtipp, bis er vom australischen Traveller Magazin als eines der Top 100 unglaublichen Reisegeheimnisse Australiens nominiert wurde. Doch auch wenn er jetzt nicht mehr ganz so geheim ist – einen Besuch wert ist der Strand nach wie vor.

An der Küste entlang führt der schöne Cape Byron-Wanderweg, ein 3,7 Kilometer langer Rundweg in der Cape Byron State Conservation Area, der immer wieder imposante Ausblicke offenbart.

Zusätzlich zu den schönen Stränden und Küstenstreifen, die Byron Bay zu bieten hat, ist der Ort auch nur eine halbe Autostunde von Regenwaldregionen im Hinterland entfernt. Ein lohnenswerter Ausflug führt zum Beispiel ins Minyon Valley zu den schönen, gleichnamigen Wasserfällen. Auch die kleineren Orte im Hinterland wie Nimbin oder Mullumbimby haben Charakter und sind einen Besuch wert.

Küste an der Byron Bay

Info

Lage: Byron Bay liegt an der Nordküste von New South Wales, rund 770 km oder 9 bis 10 Std. Fahrt nördlich von Sydney.

Anfahrt:

- Von Sydney aus immer dem Pacific Highway A1/M1 folgen. Man kommt dabei an Newcastle, Port Macquarie, Coffs Harbour und Grafton vorbei. Von Brisbane aus nimmt man ebenfalls die M1.
- Byron Bay ist auch mit sämtlichen australischen Fluglinien erreichbar.

Achtung: Byron Bay ist *die* Surferdestination, doch wer kein geübter Surfer ist, sollte nicht so einfach ohne Unterricht loslegen. Die Region ist zudem schon häufiger wegen Haiattacken in den Nachrichten gewesen.

Aktivitäten: Surf- und Kajaktouren:

- *Soul Surf School*, 14 Bay Street, Byron Bay, NSW 2481, Tel: 1 800 089 699 (innerhalb Australiens), E-Mail: info@soulsurfschool.com.au, soulsurfschool.com.au
- *Go Sea Kayak Byron Bay*, 56 Lawson Street, Byron Bay, NSW 2481, Tel: +61 4 1622 2344, E-Mail: info@goseakayakbyronbay.com.au, goseakayakbyronbay.com.au

Unterkünfte:

- *Garden Burees*, Unterkunft mit exotischem Flair, allerdings neben einer Jugendherberge gelegen (d. h. manchmal kann es lauter werden), 17 Gordon Street, Byron Bay, NSW 2481, Tel: +61 2 6685 6064, E-Mail: escape@gardenburees.com.au, www.gardenburees.com.au
- *Elements of Byron*, luxuriöses, relativ teures Hotel, etwas außerhalb des Ortskerns, 144 Bayshore Drive, Byron Bay, NSW 2481, Tel: +61 2 6639 1500, E-Mail: enquiries@elementsofbyron.com.au, www.elementsofbyron.com.au
- *Rae's on Wategos*, kleines Hotel direkt am Strand, 6-8 Marine Parade, Byron Bay, NSW 2481, Tel: +61 2 6685 5366, E-Mail: contact@raes.com.au, www.raes.com.au

27. Zur Jacaranda-Blüte nach Grafton

Zwischen Coffs Harbour und Byron Bay gelegen ist Grafton einen kurzen Stopp wert. Vor allem im australischen Frühling ist der Ort am Clarence River ein Augenschmaus. Denn mehr als 2000 Jacaranda-Bäume zieren die Straßen Graftons und verwandeln den Ort in einen violetten Traum. Im Frühjahr feiert die Stadt auch ein Jacaranda Festival – das älteste Pflanzenfestival Australiens.

Knapp 620 Kilometer oder sieben Stunden Autofahrt nördlich von Sydney liegt Grafton. Der Ort bietet sich nicht unbedingt als individuelles Urlaubsziel an, ist aber ein netter Zwischenstopp auf dem Weg nach Brisbane. Von Grafton aus sind es noch etwas über 300 Kilometer bis in die Hauptstadt Queenslands.

Besonders attraktiv ist die Stadt am Ufer des Clarence River im Oktober und November, wenn sich die Straßen Graftons lila färben. Dann blühen die rund 2000 Jacaranda-Bäume, für die der Ort inzwischen berühmt ist.

Grafton ist zudem ein wenig eine Reise zurück in der Zeit. Es ist reich an kolonialer Architektur: Die gut erhaltenen Gebäude lassen sich auf dem

Jacaranda-Baum

Grafton Heritage Trail erkunden und auch das Museum im Schaeffer House (190 Fitzroy Street) gibt interessante Einblicke in frühere Zeiten.

Beim Grafton Jacaranda Festival

Vom letzten Wochenende im Oktober bis zum ersten Novemberwochenende findet hier jedes Jahr das längste Blumenfest Australiens, das Grafton Jacaranda Festival, statt. Das Festival kommt mit allem Drum und Dran daher, wie man sich das so vorstellen mag: So werden eine Jacaranda Queen und ihre Prinzessinnen gekrönt. Lokales Kunsthandwerk präsentiert sich, es gibt ein Feuerwerk, ein Konzert und einen Parade.

Grafton ist auch ein guter Ausgangspunkt, um den Regenwald im Washpool National Park zu erkunden, der Teil des Weltkulturerbes der Gondwana Rainforests ist.

Info

Lage: Grafton ist im Nordosten von New South Wales gelegen, unweit der Küste, und rund 620 km nördlich von Sydney. Mit dem Auto muss man mindestens 7 Std. Fahrt einplanen. Bis Byron Bay sind es von Grafton aus nochmals 165 km.

Anfahrt:

- Von Sydney aus immer dem Pacific Highway A1/M1 folgen. Man kommt dabei an Newcastle, Port Macquarie und Coffs Harbour vorbei. Von Brisbane aus nimmt man ebenfalls die M1.
- Mit der regionalen Fluglinie Rex (rex.com.au) kann man auch von Sydney aus nach Grafton fliegen.

Unterkünfte:

- *Heritage River Motel Inn*, modernes Motel, 58-60 Bent Street, South Grafton, NSW 2460, Tel: +61 2 6643 2025, E-Mail: info@heritagerivermotorinn.com.au, heritagerivermotorinn.com.au
- *Belvoir Bed and Breakfast Cottages*, kleine historische Hütten mit altmodischen Flair außerhalb von Grafton in ländlicher, ruhiger Lage, 130 Centenary Drive, Clarenza, NSW 2460, Tel: +61 2 6642 3202, E-Mail: belvoircottages@bigpond.com, www.belvoircottages.com.au

28. Dorrigo National Park: Uralte Bäume im Gondwana-Regenwald

Ein beliebter Urlaubsort für viele Australier ist Coffs Harbour im nördlichen New South Wales. Doch eigentlich hat das kleine Städtchen wenig Charme, daran kann auch die „Big Banana", eines der bekanntesten „Big Things" Australiens, nichts ändern. Doch wenige Kilometer im Hinterland ist die Regenwaldregion des Dorrigo National Park, wo eine Millionen Jahre alte Landschaft wartet.

Der Skywalk

Der Dorrigo National Park liegt im Hinterland von Coffs Harbour – etwa eine Stunde Fahrt entfernt (er könnte auch von Armidale aus besucht werden). 580 Kilometer sind es von hier bis nach Sydney – eine Fahrt, für die man mindestens sieben Stunden einplanen bzw. sie auf zwei Tage aufteilen sollte. Der Park, der ein Teil des Weltnaturerbes der Gondwana Rainforests ist, beherbergt eine unglaubliche Vielfalt an Pflanzen und Tieren. Wer Glück hat, kann hier Beuteltiere wie die Rothals-Pademelons sehen oder die farbenprächtigen Wompoos (Fruchttauben) und den Gelbnacken-Laubenvogel beobachten.

Weitläufige Ausblicke und schöne Wanderungen durch den Wald und zu Wasserfällen machen einen Tag im Dorrigo National Park zu einem idealen Ausflugsziel, um vom Alltagsstress abzuschalten. Auf dem erhöhten Skywalk kann man über die Wipfel blicken, die Vögel beobachten und hat dabei fast das Gefühl, so frei wie sie zu sein.

Ein gut ausgebauter Weg führt beispielsweise zu den Crystal Shower Falls. Der dreieinhalb Kilometer lange Weg (Hin- und Rückweg), für den man ein bis zwei Stunden einplanen sollte, erlaubt einem sogar, hinter den Wasserfall zu gehen. Startpunkt ist der Picknickplatz The Glade, von dem aus der sogenannte Satinbird Stroll beginnt. Um zu den Wasserfällen zu gelangen, muss man schließlich ein Teilstück des Wonga Walk gehen.

Dieser Wonga Walk ist eine weitere lohnenswerte Wanderung, allerdings nochmals deutlich länger. Der 6,6 Kilometer lange Rundweg, für den man zwei bis drei Stunden einplanen sollte, führt durch den Regenwald und zu 600 Jahre alten Bäumen. Höhepunkt sind auch hier die schönen Crystal Shower Falls. Verpflegung und Information gibt es im Dorrigo Rainforest Centre mit seinem angeschlossenen Canopy Café, von wo der Wonga Walk startet (via den Lyrebird Link Track).

Crystal Shower Falls

Das Rainforest Centre in Dorrigo

Info

Lage: 550 km nördlich von Sydney, mindestens 6 bis 7 Std. Fahrt

Anfahrt: Von Sydney aus immer dem Pacific Highway A1/M1 folgen. Man kommt dabei an Newcastle, Port Macquarie und Kempsey vorbei. Noch vor Coffs Harbour geht es nach Raleigh links ab auf die B78 (Waterfall Way) in Richtung Dorrigo National Park (Beschilderung folgen).

Achtung: Wie in jedem Nationalpark gilt: Feste Schuhe, Sonnenschutz, ausreichend Wasser und Verpflegung mitführen und bei längeren Wanderungen das Hotel vorab über seine Pläne informieren. Oftmals kann es im Regenwald etwas kühler sein – gegebenenfalls also auch eine Jacke mitbringen. Wie alle Nationalparks kostet auch der Dorrigo National Park eine geringe Eintrittsgebühr.

Unterkünfte:

- *Lookout Mountain Retreat*, ordentliche Zimmer, Anlage mit schönem Blick, 15 Maynards Plains Road, Dorrigo Mountain, NSW 2453, Tel: +61 2 6657 2511, E-Mail: info@lookoutmountainretreat.com.au, www.lookoutmountainretreat.com.au
- *BreakFree Aanuka Beach Resort*, knapp 40 km vom Nationalpark entfernt an der Küste, 11 Firman Drive, Diggers Beach, Coffs Harbour, NSW 2450, Tel: +61 2 6652 7555, E-Mail: aanuka.res@breakfree.com.au, www.breakfreeaanukabeachresort.com.au

29. Armidale: Zum zweithöchsten Wasserfall Australiens

Nach den Wallaman Falls in Queensland sind die Wollomombi Falls im Oxley Wild Rivers National Park die zweithöchsten Wasserfälle Australiens. Sie stürzen über 200 Meter in die Tiefe. Ein Wanderweg führt durch einen Teil der Gondwana-Regenwälder zu den spektakulären Fällen. Idealer Ausgangsort ist das kleine koloniale Schmuckstück Armidale.

Armidale ist einer der Orte im Inland von New South Wales, der überrascht. Fast sechs Stunden oder rund 500 Kilometer von Sydney entfernt, rechnet man kaum mit einem so eleganten kleinen Städtchen. Doch Armidale, das sogar eine namhafte Universität besitzt, hat eine Menge zu bieten. Höhepunkt ist sicher die einzigartige Natur – allen voran der Oxley Wild Rivers National Park, der ein Teil des Weltnaturerbes der Gondwana Rainforests ist. Im Nationalpark ist der zweithöchste und sehr imposante Wasserfall – die Wollomombi Falls – gelegen. Ein Wanderweg führt zu dem Wasserfall, der vom Hochplateau bis in die Wollomombi-Schlucht stürzt. Oftmals mystisch in Nebel gehüllt, ist der Wasserfall vor allem nach starkem Regen geradezu spektakulär.

Im Oxley Wild Rivers National Park

Court House

Der Wanderweg – der Wollomombi Walking Track – ist vier Kilometer lang und man sollte für die gesamte Strecke eineinhalb bis zwei Stunden einplanen. Von einem Aussichtspunkt aus kann man den berühmten Wasserfall bewundern und überquert später auch noch den Wollomombi River, wo man oftmals Kängurus, die im Schatten liegen, beobachten kann und mit etwas Geduld und Glück auch die seltenen Schnabeltiere sehen könnte. Der landschaftlich reizvolle Spazierweg endet an einem weiteren Wasserfall – den Chandler Falls. Wer nach den beiden Wasserfällen ein wenig „süchtig" geworden ist, der kann in der Region dem sogenannten Waterfall Way folgen und auch noch die Ebor und Dangar Falls in der Nähe besuchen.

Der Nationalpark selbst liegt etwa 40 Kilometer von Armidale entfernt, doch die Fahrt lohnt auf alle Fälle. Armidale selbst ist ein Musterbeispiel kolonialer Architektur: Eindrucksvolle Kirchen und viele historische Gebäude prägen das Stadtbild. Neben der University of New England gibt es auch interessante Museen und Galerien, Weinberge und viele Restaurants und Cafés.

Petersons Armidale Winery

Moore Park Inn

Als Beispiele für die Museen seien das New England Regional Art Museum (106-114 Kentucky Street, South Hill) genannt, wo Werke der australischen Künstler Howard Hinton und Chandler Coventry hängen, sowie das indigene Kulturzentrum Aboriginal Cultural Centre and Keeping Place (128 Kentucky Street). Einen Besuch wert ist auch das südwestlich von Armidale gelegene edwardianische Anwesen – die Saumarez Homestead (230 Saumarez Road).

Info

Lage: Armidale liegt im Inland auf halbem Weg zwischen Sydney und Brisbane. Von Sydney aus sind es etwas über 480 km oder fast 6 Std. Fahrt.

Anfahrt:

- Von Sydney aus geht es über die Autobahn M1 in Richtung Norden. Auf der Höhe von Newcastle auf den Hunter Expressway (M15) wechseln. Kurz vor Singleton geht es dann ab auf den New England Highway (A15), der einen über Tamworth direkt nach Armidale bringt.
- Armidale ist auch über die regionale Fluglinie Rex (www.rex.com.au) oder QantasLink (www.qantas.com) erreichbar.

Achtung: Bei Wanderungen im Busch muss immer die Wetterlage im Auge behalten werden. Wasser, feste Schuhe und Sonnenschutz sind essenziell. Bitte Wasserfälle immer von den designierten Aussichtspunkten betrachten und nicht über Absperrungen etc. klettern. Es gab bereits etliche Todesfälle für das vermeintlich „einmalige" Selfie.

Unterkünfte:

- *Moore Park Inn*, hübsches Motel, 63 Moore Park Lane, Armidale, NSW 2350, Tel: +61 2 6772 2358, www.mooreparkinn.com.au
- *Petersons Armidale Winery & Guesthouse*, an eine Weinkellerei angeschlossene Pension, 345 Dangarsleigh Road, Armidale, NSW 2350, Tel: +61 2 6772 0422, E-Mail: stay@petersonsguesthouse.com.au, www.petersonsguesthouse.com.au
- *Poppy's Cottage B&B*, familiäre Pension mit Blick auf einen erloschenen Vulkan, Dangarsleigh Road, Armidale, NSW 2350, Tel: +61 2 6775 1277, E-Mail: poppy@poppyscottage.com.au, poppyscottage.com.au

30. Surfen am Nambucca Heads

Wer auf dem Weg nach Byron Bay einen Stoppover sucht, hat die Qual der Wahl zwischen Port Macquarie und Nambucca Heads, das nochmals etwa eineinhalb Stunden weiter nördlich gelegen ist. Nambucca Heads ist landschaftlich schön und ist ein idealer Ort für einen Surfkurs, denn die Wellen sind ideal für Anfänger und das Wetter ist selbst im Winter noch sonnig und angenehm.

Scotts Head am South Beach

Surfer am Nambucca River

Von Sydney aus muss man mindestens fünfeinhalb bis sechs Stunden Fahrzeit mit dem Auto einplanen, um die fast 500 Kilometer lange Strecke über den Pacific Highway bis nach Nambucca Heads zurückzulegen. Wer fliegen möchte, könnte bis nach Coffs Harbour fliegen (QantasLink und Virgin Australia) und mit einem Mietauto die 40 Minuten in Richtung Süden fahren.

Nambucca Heads ist direkt an einer Flussmündung gelegen. Den Nambucca River kann man über eine Flussfahrt auch erkunden (Nambucca River Cruises, nambuccarivercruises.com.au). Passend zu der prominenten Wasserstraße wurde auch der Name des Ortes gewählt, der in der Sprache der lokalen Ureinwohner „Eingang zum Wasser" bedeutet.

Der nette kleine Ort mit seinen rund 6000 Einwohnern besticht durch viel Grün, herrliche Strände (Main Beach, Beilby's

Beach und Shelly Beach) und Sandbänke und Wellen, die ideal für Surfanfänger sind. Die Surfkultur liegt den Einheimischen hier so im Blut, dass es kein Wunder ist, dass sich auch einer der berühmtesten Surfbordbauer hier niedergelassen hat: Paul Joske fertigt hier seit 1970 seine Valla-Surfboards in Handarbeit und kreiert Sonderanfertigungen.

Der Nambucca River

Doch die Region ist nicht nur ideal für alle, die den berühmten „Surf" Australiens kennenlernen und sich an einer Surfstunde oder einem Surfkurs versuchen wollen. Auch andere Wasseraktivitäten sind hier ideal – neben Schwimmen und Fischen kann man Kajak- oder Kanufahren und selbst Wasserski wird auf dem Fluss angeboten. Aber auch an Land finden Sportler Ablenkung: Auf Stuart Island in der Flussmündung befindet sich ein 18-Loch-Golfplatz.

Schöne Spazierwege führen an der Küste entlang oder durch den Gordon Park und selbst Kunstliebhaber kommen in Nambucca Heads auf ihre Kosten. Denn die sogenannte Graffiti Gallery oder Vee Wall, eine Hafenmauer aus großen Felsbrocken, ist einst für professionelle und Amateur-Künstler zur Verfügung gestellt worden und hat sich so in eine Freilandgalerie aus bemalten Steinen mit Comics, Gedichten und Graffiti-Malerei verwandelt.

Den schönsten Blick auf die wirklich spektakuläre Küstenlandschaft und ihre Buchten hat man vom Captain Cook Lookout am Ende der Parkes Street (über dem Shelly Beach). Mit viel Glück lassen sich von hier aus je nach Jahreszeit auch Delfine und Wale beobachten.

Obwohl der beliebte Aussichtspunkt nach Kapitän Cook benannt ist, der in Australien einst 1770 offiziell die britische Flagge gehisst hatte, war nicht er es, der als erster auf Nambucca Heads aufmerksam wurde. Die ersten Europäer, die auf den Nambucca River trafen, entstammten höchstwahrscheinlich einer Gruppe, die 1818 von Sydney aus aufgebrochen war, um entflohene Sträflinge zu suchen. Der Forscher John Oxley kam 1820 als nächster in die Region. In den 1840er-Jahren florierte dann die Holzindustrie, wobei die gefährliche Sandbank an der Flussmündung immer wieder Schiffe zum Kentern brachte. Erst 1885 erhielt die Ortschaft dann offiziell ihren Namen.

Info

Lage: Nambucca Heads ist von Sydney aus fast 500 km in Richtung Norden gelegen. Mit dem Auto sollte man mindestens 5,5 bis 6 Std. Fahrzeit einplanen.

Anfahrt:

- Nambucca Heads lässt sich wie Port Macquarie über die Autobahn M1 in Richtung Gosford/Newcastle erreichen. Diese Autobahn geht in den Pacific Highway/A1 über. Nach Macksville schließlich nach Nambucca Heads abfahren.

Nambucca River

- Coffs Harbour, nochmal 40 Min. nördlich gelegen, hat einen kleinen Flughafen, der ab Sydney und Brisbane von QantasLink und Virgin Airlines angeflogen wird.

Aktivitäten:

- *Trent Munro Surf Academy*, ein Surfmaster bietet hier Kurse für Anfänger und Fortgeschrittene an, Scotts Head, NSW 2447, Tel: +61 2 6569 7127, E-Mail: trentmunrosurfacademy@gmail.com, trentmunro.com
- *Pub With No Beer*, über den berühmten Pub gibt es sogar ein Lied, 4 Taylors Arm Road, Taylors Arm, NSW 2447, Tel: +61 2 6564 2100, E-Mail: info@pubwithnobeer.com, pubwithnobeer.com

Unterkünfte:

- *Sacred Mountain Retreat*, idyllisch und etwas abseits mitten in der Natur gelegen, Bowerbird Lane, Valla, NSW 2448, Tel: +61 2 6569 5026, E-Mail: info@sacredmountain.com.au, www.sacredmountain.com.au
- *Riverview Boutique Motel*, in der Nähe des Nambucca River gelegen, mit einem Ambiente, das an frühere Zeiten erinnert, 4 Wellington Drive, Nambucca Heads, NSW 2448, Tel: +61 2 6568 6386, E-Mail: info@riverviewboutiquemotel.com.au, riverviewlodgenambucca.com.au

31. Tamworth: Als Jackeroo oder Jillaroo auf die Farm

Im Inland von New South Wales kann gut ein Kindheitstraum Wirklichkeit werden. Denn dort lässt sich das Handwerk des Cowboys oder Cowgirls erlernen – in Australien Jackeroo bzw. Jillaroo genannt. Die mehrtägigen Kurse sind eine tolle Ferienaktivität – besonders für Teenager, die mal eine Pause von ihren *gadgets* brauchen – oder auch eine spezielle Vater-Sohn- oder Mutter-Tochter-Zeit.

Ausritt

Viel Spaß gibt es bei der Arbeit mit den Pferden.

Etwas über fünf Stunden Fahrt oder über 400 Kilometer nordwestlich von Sydney gelegen ist Tamworth. Es ist der nächstgrößere Ort, und wer von hier aus weiter nach Leconfield (bei Mulla Creek) fährt, muss sich im Klaren sein, dass er nicht nur das Städtische hinter sich lässt und den echten australischen Busch kennenlernt, sondern sich auch von Mobilfunknetz und anderen Annehmlichkeiten der Moderne verabschieden muss.

Nicht umsonst wirbt die Farm, die eine Schule für Jackeroos und Jillaroos anbietet, sie sei ein Ort für „Reitkunst, Farmarbeit und um sich auf das Wesentliche zu konzentrieren". Die Schule ist seit 1996 geöffnet und hat über 4000 australische Cowboys ausgebildet. Der Standardkurs dauert fünf Tage und ist auch für Reitanfänger geeignet.

In den fünf Tagen wird über die Pferdeflüsterei genauso gesprochen wie darüber, Schafe zu scheren, Vieh zusammenzutreiben und das Überleben im Busch zu erlernen. Dabei lernt man auch, ein Lasso zu werfen oder eine Peitsche schnalzen zu lassen. Die Woche im Busch beinhaltet eine Unterkunft auf der Farm mit Verpflegung. Der Aufenthalt kann als Erlebnis betrachtet werden oder aber auch als Startpunkt, um nach der Ausbildung tatsächlich auf einer Farm in Australien anzuheuern. Vor allem für Rucksackreisende kann dies eine mögliche Route sein, sollten sie in Leconfield „auf den Geschmack kommen".

Auf dem Farmgelände

Nochmals etwas weiter – etwa sieben Stunden nordwestlich von Sydney oder 560 Kilometer entfernt – gibt es in Bingara ein ähnliches Angebot. Bei den Wade Horses Bingara können Besucher auch kürzere Ausritte und Ausflüge mit Pferden testen oder eine Jackeroo- und Jillaroo-Schule besuchen. Die Farm ist etwa 25 Kilometer außerhalb von Bingara und beherbergt über 200 Pferde, 100 Kühe, unzählige Schafe und dazu noch Hunde, Schweine, Esel und Kamele.

Info

Lage: Tamworth ist 5 Std. Fahrt oder über 400 km nordwestlich von Sydney gelegen, Bingara ist etwa 7 Std. Fahrt bzw. 560 km entfernt.

Anfahrt:

- Von Sydney aus geht es über die Autobahn M1 in Richtung Norden. Auf der Höhe von Newcastle auf den Hunter Expressway (M15) wechseln. Kurz vor Singleton geht es dann ab auf den New England Highway (A15). Nach Leconfield gelangt man, indem man kurz vor Tamworth (kurz vor Timbumburi) nach rechts in Richtung Dungowan abbiegt. Dort angekommen geht es links ab (Echo Hills Road) nach Leconfield (Mulla Creek).
- Die zweite Schule in der Nähe von Bingara ist ebenfalls über den New England Highway erreichbar. Hier geht es bis Tamworth und dort auf die B95 in Richtung Bingara.

Unterkunft/Kontakt mit Schulen:

- *Leconfield Jackaroo*, Schule und Unterkunft in der Nähe von Tamworth, Jillaroo School Bimboola Kootingal, NSW 2352, Tel: + 61 2 6769 4328, www.leconfield.com
- *Wade Horses Bingara*, Schule und Trail Rides in der Nähe von Bingara, 17 Keera Street, Bingara, NSW 2404, Tel: + 61 4 8838 0641, www.facebook.com/JackarooJillarooDownunder

Cowgirls beim Plausch

32. Besuch im Koala-Krankenhaus in Port Macquarie

Port Macquarie ist der perfekte Stopover für all diejenigen, die mit dem Auto von Sydney nach Byron Bay fahren. Rund viereinhalb Stunden nördlich von Sydney gelegen bietet der Ort mit seinen rund 45.000 Einwohnern Nationalparks, weite Strände und eine ansprechende Küstenlandschaft. Höhepunkt ist jedoch das Koala-Krankenhaus, ein Gelände, an dem die Beutler einen Zufluchtsort finden.

Knapp 390 Kilometer oder etwa viereinhalb Stunden Fahrt von Sydney entfernt ist Port Macquarie. Das dortige Koala-Krankenhaus ist das weltweit erste Tierkrankenhaus, das sich rein dem Schutz des australischen Symboltieres verschrieben hat (Koala Hospital, Ecke Lord Street und Roto Place, Port Macquarie, NSW 2444, www.koalahospital.org.au).

Der Aufbau des Krankenhauses ähnelt einem menschlichen Krankenhaus: Es gibt eine Intensivstation, ein 24-Stunden-Rettungsteam und einen Operationsbereich. Nicht allen eingelieferten Patienten kann geholfen werden. Tiere, die völlig genesen, werden nach ihrer Behandlung wieder in die Freiheit entlassen. Manche Tiere werden aber auch zu Dauergästen im Krankenhaus – nämlich dann, wenn ihre Verletzung oder Krankheit so schlimm ist, dass sie in der Wildnis nicht mehr überleben könnten.

Der Krankenwagen des Koala-Krankenhauses

Bei einer geführten Tour durch das Hospital

Der Koala ist inzwischen in Australien als gefährdet eingestuft. Ein Expertengremium schätzte 2012, dass nur noch um die 300.000 Koalas auf dem fünften Kontinent leben. Während die Beutler in Victoria und South Australia noch relativ häufig vorkommen (auf Kangaroo Island in South Australia sollen 50.000 Stück leben!) ist es im Osten des Landes alles andere als gut um sie bestellt. Experten und Umweltschützer warnen, dass die Tiere, die bis zu einem Kilo Eukalyptusblätter am Tag fressen und bis zu 22 Stunden schlafen, in den Bundesstaaten New South Wales und Queensland kurz vor dem Aussterben stehen.

Patient im Koala-Krankenhaus

Wachsende Urbanisierung, Waldrodung, Buschfeuer und der Klimawandel machen den überwiegend nachtaktiven Beuteltieren zu schaffen. Neben dem Verlust von Lebensräumen sterben viele Tiere auch durch Hundeangriffe und Autounfälle. Zahlreiche Tiere gehen aber auch an der sogenannten Chlamydien-Infektion ein, die die Tiere erblinden lässt und unfruchtbar macht. Opfer solcher Vorfälle und Chlamydien-Patienten werden im Koala-Krankenhaus behandelt.

Im Sea Acres National Park in Port Macquire

Bei einem Besuch im Krankenhaus lernt man nicht nur viel über die endemischen Tiere und kommt auf Tuchfühlung an sie heran, man kann mit einer Spende auch die wichtige Arbeit der größtenteils ehrenamtlichen Helfer unterstützen.

Port Macquarie und ein Stopp bei den Koalas eignen sich wunderbar als Stopover, man könnte aber auch mehrere ruhige Ferientage in der Region verbringen (siehe Vorschläge für Aktivitäten).

Stufen führen zum Strand am Coastal Walk.

Info

Lage: Port Macquarie ist rund 390 km oder 4,5 bis 5 Std. Fahrt von Sydney in Richtung Norden gelegen.

Anfahrt:

- Am einfachsten lässt sich Port Macquarie über die Autobahn M1 in Richtung Gosford/Newcastle erreichen. Diese Autobahn geht in den Pacific Highway/A1 über und schließlich fährt man in Sancrox in den Oxley Highway/B56 ab. Von hier aus einfach der Straße bis nach Port Macquarie folgen.
- Port Macquarie hat auch einen kleinen Flughafen und kann von Sydney und Brisbane mit QantasLink und Virgin Airlines erreicht werden.

Öffnungszeiten: Das Koala-Krankenhaus ist täglich zwischen 8 Uhr morgens und 16:30 Uhr am Nachmittag (außer am Weihnachtstag) geöffnet. Eine Tour (in den Außengehegen) wird täglich um 15 Uhr angeboten.

Eintritt: Gratis, aber Spenden sind immer sehr willkommen.

Aktivitäten:

- *Port Venture Cruises*, Delfin- und Waltouren, 77 Clarence Street, River End, Port Macquarie, NSW 2444, Tel: +61 2 6583 3058
- *Macquarie Coastal Walk* vom Town Beach ab – ein 9 km langer Wanderweg im Sea Acres National Park, www.nationalparks.nsw.gov.au/things-to-do/walking-tracks/port-macquarie-coastal-walk
- *Sea Acres Rainforest Centre*, Regenwaldzentrum, mit geführten Aborigine-Touren und einem schönen, auch für ältere Leute gut machbaren, etwa 1,3 km langen, erhöhten *boardwalk*, Pacific Drive, Port Macquarie, NSW 2444, Tel: +61 2 6582 3355, www.nationalparks.nsw.gov.au/things-to-do/Visitor-centres/Sea-Acres-Rainforest-Centre

Unterkünfte:

- *Solscape*, verschiedene Ferienhäuser in der Region sind hier im Angebot, Tel: +61 4 1093 8691, E-Mail: susan@mysolscape.com.au, www.mysolscape.com.au
- *Sails Resort*, luxuriöses Hotel am Meer mit schönem Schwimmbad, 20 Park Street, Port Macquarie, NSW 2444, Tel: +61 2 6589 5100, E-Mail: reservations_sailsportmacquarie@evt.com, www.sailsresort.com.au

33. Barrington Tops: Reise in die Urzeit

Das besondere am Barrington Tops National Park ist der gemäßigte Regenwald, der Teil der Millionen Jahre alten Landschaft der Gondwana Rainforests ist. Der Park, der aus alten vulkanischen Flüssen geformt wurde, ist ein Wanderparadies und eine der ursprünglichsten Regionen Australiens.

Etwas über drei Stunden Fahrt oder rund 250 Kilometer von Sydney entfernt liegen die Barrington Tops – unweit des Upper Hunter Valley. Der relativ unbekannte Nationalpark ist ein Wanderparadies mit vielen schönen Aussichtspunkten und idyllischen Fleckchen mit Wasserfällen und uraltem Wald: Vor allem der Ladies Well am Allyn River sieht aus, als würden gleich Wasserfeen aus dem Wasser tauchen.

In den zahlreichen Gewässern kann man Regenbogen- oder Bachforellen angeln oder im Sommer baden. Am Fluss werden Kajaktouren angeboten und auch Abseilen und Mountainbiken sind beliebte Outdoor-Aktivitäten. Die beiden Hauptorte sind Dungog im Süden und Gloucester im Norden, die beide etwa eine Stunde Fahrt voneinander entfernt sind. Beides sind recht charmante Orte mit historischen Gebäuden. Das im spanischen Missionsstil errichtete James Theater (6 Brown Street, Dungog, www.jamestheatre.com.au) ist nur ein Beispiel.

Wasserfall im Barrington Tops National Park

Interessant ist, ein wenig in die Kolonialgeschichte der Region einzutauchen, denn in den Bergen in der Nähe von Gloucester hielt sich einst der berüchtigte Captain Thunderbolt alias Frederick Wordsworth Ward (1835-1870) versteckt, ein als

Ausritt in den Barrington Tops

Blick vom Thunderbolts Lookout

Gentleman bekannter *bushranger*, der Berühmtheit erlangte, nachdem ihm die Flucht von der Strafkolonie auf Cockatoo Island in Sydney gelang. Ab 1876 startete in der Region auch der Goldrausch, in den man sich während einer Tour in der Mountain Maid Goldmine (Mountain Maid Track, Copeland, Tel: +61 2 6538 5300, www.nationalparks.nsw.gov.au/things-to-do/historic-buildings-places/mountain-maid-gold-mine) hineinversetzen kann.

Ein Muss ist ein Stopp am Mount Allyn Lookout – ein spektakulärer Aussichtspunkt mit 360-Grad-Rundblick auf die Wälder der Barrington Tops, die mit etlichen schönen Wanderwegen durchzogen sind: Der Allyn River Rainforest Walking Track beispielsweise ist ein kurzer, 20-minütiger Wanderweg, der einen schönen Überblick über die Flora der Region bietet – majestätische Bäume, riesige Wurzeln und mit Moos bewachsene Felsen säumen den relativ einfachen Pfad.

Deutlich anspruchsvoller, aber einer der schönsten Wanderwege in New South Wales ist der Gloucester Tops Circuit. Der acht Kilometer lange Rundweg umfasst drei Einzelspaziergänge, gibt dafür aber einen Rundumschlag dessen, was die Region zu bieten hat. Je nach Pausen und Fitness muss man drei bis fünf Stunden für diese Wanderung einplanen.

Die relativ unberührte Region ist auch ein idealer Ort für Projekte, die versuchen, bedrohte Tiere zu retten. Ein Beispiel ist der Beutelmarder, der von der gemeinnützigen Organisation Devil Ark, die sich auch für den Tasmanischen Teufel einsetzt, in der Region gezüchtet wird, um seine Population in der Wildnis weiter zu stärken.

Parkschild

Fahrt durch die Rapids

Info

Lage: Die Barrington Tops sind etwas mehr als 250 km oder gut über 3 Std. Fahrt von Sydney entfernt. Sie liegen nochmals etwas nördlicher als das Upper Hunter Valley. Die nächste große Stadt ist Newcastle, das etwa 1,5 Std. Fahrt entfernt ist.

Anfahrt: Von Sydney aus geht es über die M1 immer in Richtung Norden. Bei Hexham – gleich hinter Newcastle – für die nächsten 20 km auf den Pacific Highway (A1) abfahren und auf der Höhe des Twelve Mile Creek in den Bucketts Way für weitere 70 km einbiegen, bis man zur Gloucester Tops Road kommt, die einen direkt in den Nationalpark führt.

Aktivitäten:

- *Barrington Tops Camp Cobark*, Reiten, Pferde, 2677 Scone Road, Cobark via Barrington, NSW 2422, Tel: +61 2 6558 5524, E-Mail: campcobark@gmail.com, gloucestertourism.com.au/2017/05/02/camp-cobark
- *Barrington Outdoor Adventures*, Kajaktouren, Mountainbiken, Abseilen, 126 Thunderbolts Way, Gloucester, NSW 2422, Tel: +61 2 6558 2093, E-Mail: adventure@boac.com.au, boac.com.au

Unterkünfte:

- *Villa Medici*, kleine Frühstückspension, 100 Gloucester Tops Road, Gloucester, NSW 2422, Tel: +61 4 1492 3479, www.villamedici.com.au
- *Barrington Hideaway River Cottages*, gemütliche Holzhütten, 312 Thunderbolts Way, Gloucester, NSW 2422, Tel: +61 4 1353 6141, E-Mail: info@barringtonhideaway.com.au, barringtonriverhideaway.com.au

34. Surfen an den Seal Rocks

Das kleine Dörfchen Seal Rocks liegt abseits der üblichen Touristenpfade. Zwei Strände, ein Leuchtturm und ein Panorama-Blick bieten nicht nur eine traumhafte Urlaubskulisse, der Ort war aufgrund seiner noch weitaus unberührten Schönheit auch schon Filmkulisse. Hier lässt sich völlig abschalten, zum Beispiel beim Surfen der meist perfekten Wellen.

Drei Stunden Fahrt von Sydney oder 275 Kilometer entfernt hat sich eine Gemeinde von rund 150 Seelen ein kleines Paradies an der Küste nördlich von Sydney geschaffen: In Seal Rocks, das so heißt, weil früher viele Seehunde die Felsen vor der Küste bevölkert haben, scheinen die Uhren anders zu laufen. Nicht umsonst wird es von vielen als „Last Frontier" bezeichnet, also als eine noch nicht völlig erschlossene, noch unberührte Region.

Seehunde sonnen sich auf den Felsen.

Wer den Film „Adoration" mit Naomi Watts und Robin Wright gesehen hat, der in Seal Rocks spielt, wird die Atmosphäre, die der Ort ausstrahlt, nachvollziehen können: Eine Mischung aus Kindheitserinnerungen noch vor Elektronik und Technologie und eine irgendwie berührende Einsamkeit und Entrücktheit tun sich hier auf.

Das Dörfchen selbst kann man kaum als solches bezeichnen: Es gibt ein winziges Postamt inklusive Lebensmittelgeschäft. Kaffee und Muffins servieren einige tüchtige Einheimische von einem kleinen Wohnwagen aus. Die Attraktionen sind wirklich die zwei Strände, die beide nach Norden zeigen und ideal zum Baden, Schnorcheln und Surfen sind, sowie das Sugarloaf Point Lighthouse, das auf einer Anhöhe dazwischen liegt. In den Nebengebäuden – den alten Lighthouse Keeper's Cottages – kann man sich auch einmieten und damit ein wenig in der Zeit zurückreisen.

Der Leuchtturm selbst wurde 1875 gebaut und erhebt sich mit seinen 15 Metern Höhe majestätisch über den gesamten Küstenabschnitt. Wer Geduld mitbringt, kann von hier oben auch Wale beobachten, wenn sie zwischen der Antarktis und Queensland unterwegs sind. Die Tiere migrieren jedes Jahr von April bis August in die warmen Gewässer Queenslands, um sich dort zu paaren und Junge zu gebären, und kehren zwischen September und November wieder zurück zum Südpol.

Das Seal Rocks Lighthouse

Die See kann durchaus rau sein und etliche Schiffe sind in der Region gesunken. Selbst nach dem Bau des Leuchtturms kam es noch zu Unglücken. 1895 sank hier die Catterthun, die auf dem Weg von Sydney nach China war. Ein weiteres bekanntes Wrack ist die Rainbow, die 1864 an den Felsen vor der Küste zerschellte. Teils finden sich noch heute Überreste der gesunkenen Schiffe im Ort. Der Anker der Rainbow ist beispielsweise beim Lebensmittelgeschäft mitten in Seal Rocks zu sehen.

Angler am Strand

Blick auf das Seal Rocks Lighthouse

Info

Lage: Seal Rocks ist etwa 3 Std. Fahrt nördlich von Sydney oder 275 km entfernt. Es liegt an der Küste, direkt hinter dem Myall Lakes National Park.

Anfahrt: Von Sydney aus geht es immer in Richtung Norden über die Autobahn M1 und am Ende dieser auf den Pacific Highway/A1 bis zum The Lakes Way in Bulahdelah. In diesen biegt man direkt nach der Ortschaft rechts ab. Dem Lakes Way folgen bis es erneut rechts ab in die Seal Rocks Road geht, die einen direkt nach Seal Rocks bringt. Seal Rocks ist ein abgelegenes kleines Örtchen, ein Mietwagen ist in diesem Fall ein Muss.

Öffnungszeiten: Immer – bitte aber von den wenigen Geschäften keinen Sydney-Standard erwarten. Hier läuft alles ein wenig langsamer. Letzteres macht den Charme von Seal Rocks aus!

Aktivitäten:

- Von Seal Rocks aus kann man einfach einen Ausflug zum idyllischen Myall Lakes National Park (siehe Seite 166) machen.
- Taucher kommen in Seal Rocks genauso wie Surfer auf ihre Kosten. Denn einige der Schiffswracks können unter Wasser erkundet werden.
- Ein empfehlenswerter Wanderweg ist der Treachery Headland Walking Track (2 km, etwas über 1 Std.), der einen durch Regenwald und vorbei an einem eindrucksvollen Feigenbaum bis zur Landzunge Treachery Headland führt, von wo aus sich ein Panoramablick zurück auf den Leuchtturm und die Küste eröffnet. Ein kurzer Abstecher führt zum idyllischen Treachery Beach.

***Achtung*:** Seal Rocks ist ein Paradies zum Schwimmen, Surfen und Tauchen, doch die Schiffswracks verraten es schon – die Küste kann durchaus wild sein. Deswegen auf die Ratschläge der Einheimischen hören und Warnschilder beachten.

Unterkünfte:

- *Seal Rocks Lighthouse Accommodation*, historische Unterkunft mit Charme, Kinka Road, Seal Rocks, NSW 2423, Tel: +61 2 4997 6590, E-Mail: admin@sealrockslighthousecottages.com.au, www.sealrockslighthousecottages.com.au und www.nationalparks.nsw.gov.au/myall-lakes-national-park/sugarloaf-point-lighthouse/historic-site
- *North Coast Holiday Parks*, kleine Hütten, Wohnmobilstellplätze und Zeltplätze, Kinka Road, Seal Rocks, NSW 2423, Tel: +61 2 4997 6164, www.northcoastholidayparks.com.au/park/info/seal-rocks

35. Myall Lakes: Urlaub wie in der Kindheit

Urlaub bei den Myall Lakes ist ein wenig wie die Ferienzeiten, an die man sich als Kind erinnert: Fischen, schwimmen, Boot fahren, frisches Gemüse im Garten ernten ... Myall ist ein Aborigine-Wort und bedeutet „wild" und tatsächlich hat sich die Region – trotz ihrer Nähe zu Sydney und Newcastle – diesen Wildnis-Charme ein klein wenig bewahrt.

Knapp 240 Kilometer oder etwas über drei Stunden nördlich von Sydney gelegen ist der Myall Lakes National Park nach wie vor ideal für einen Wochenendausflug. Der nächstgelegene Ort ist Bulahdelah, 16 Kilometer entfernt.

Ein Urlaub am See fühlt sich ein wenig an wie eine Zeitreise in die eigene Kindheit. Hier kann man den ganzen Tag schwimmen, angeln, Boot fahren oder einfach nur ausruhen. Nochmals unberührter und „wilder" ist es, mit seinem Zelt nach Broughton Island überzusetzen, dort inmitten einer Seevögel-Kolonie zu zelten und die einsamen Strände auf der Insel zu erkunden. Mit nur fünf Zeltplätzen (also unbedingt rechtzeitig buchen!) fühlt man sich hier fast wie ein Einsiedler oder ein Schiffbrüchiger auf der einsamen Insel.

Kajaker auf dem Two Mile Lake

Die Myall Lakes am Festland sind aber natürlich ebenso schön. Sie sind eines der größten Frischwassersysteme von New South Wales, und die Strände, die sich an der Küste über 40 Kilometer entlangziehen, sind einer fotogener als der andere. Im Nationalpark befindet sich übrigens auch einer der höchsten Bäume des Bundesstaates namens The Grandis, ein 76 Meter hoher Eukalyptusbaum (im westlichen Bereich an der Grandis Picnic Area).

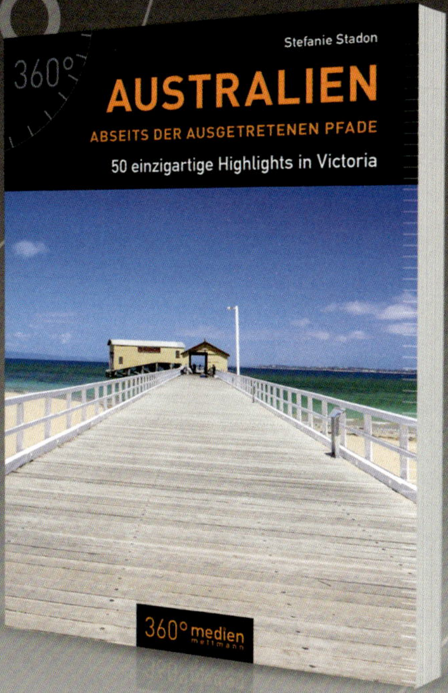
Stefanie Stadon
360°
AUSTRALIEN
ABSEITS DER AUSGETRETENEN PFADE
50 einzigartige Highlights in Victoria
360° medien

Die gesamte Region ist ideal für Wassersportarten aller Art, wobei man immer die lokalen Empfehlungen befolgen sollte. Wer einen Geländewagen hat, der kann zwischen den Orten Hawks Nest und Big Gibber auch am Strand fahren (permits/Genehmigungen gibt es normalerweise in den Tankstellen. Dort kann man auch den Luftdruck in den Reifen senken und später wieder erhöhen).

Strand im Myall Lake National Park

Die Gegend, vor allem aber Broughton Island, ist ideal zum Zelten, wer aber doch etwas mehr Luxus als einen Zeltplatz möchte, der kann sich eines der Öko-Cottages in der Nähe der Seenlandschaft anmieten: Dort kann man ein leckeres Abendessen kochen und dafür vorab Gemüse und Kräuter in den Gärten der kleinen Hütten ernten, ein Feuer im Kamin anmachen, auf der Veranda in einer Hängematte schaukeln oder ein Bad im Whirlpool genießen.

Info

Lage: Der Myall Lakes National Park ist nördlich von Newcastle gelegen. Von Sydney sind es 236 km gen Norden, für die man über 3 Std. Fahrt einplanen sollte. Der nächstgelegene Ort ist Bulahdelah, 16 km östlich der Seenlandschaft.

Anfahrt: Über die Autobahn M1 geht es von Sydney aus immer Richtung Norden – über Gosford bis nach Newcastle. Am Ende der M1 dann auf die A1 wechseln und bis Bulahdelah weiterfahren. In Bulahdelah nach rechts in die Bombah Point Road abbiegen, die direkt zur Seenlandschaft führt.

***Achtung*:** Wie überall am Meer in Australien gilt Vorsicht beim Schwimmen. Auch das Geländewagenfahren am Strand will gelernt sein. Steile Dünen können ein Auto schnell mal zum Überschlag bringen. Auch wer im weichen Sand steckenbleibt, hat wenig Freude. Wer auf Broughton Island zeltet, der muss dies vorab gut organisieren und absoluter Selbstverpfleger sein: Essen, Wasser, Sonnenschutz, Zelt etc. müssen mitgebracht werden.

Eintritt: Nationalparkgebühren und Fähr-/Bootsgebühren fallen an, und wer mit dem Auto auf den Strand will, muss eine *permit* in den nahen Tankstellen kaufen.

Unterkünfte:

- *Broughton Island*, Zeltplatz buchbar über das Nelson Bay Office, Tel: + 61 2 4984 8200, E-Mail: npws.huntercoast@environment.nsw.gov.au, www.nationalparks.nsw.gov.au/camping-and-accommodation/campgrounds/broughton-island-campground; Bootstransfer auf die Insel mit *Cruiseabililty*: Tel: +61 4 2038 6792, cruiseability.com.au
- *Bombah Point Eco Cottages*, 949 Bombah Point Road, Bombah Point, NSW 2423, Tel: +61 2 4997 4401, E-Mail: info@bombah.com.au, www.bombah.com.au

36. Port Stephens: Dünenspaß

Die Ortschaften an der Bucht muten allesamt modern an, doch eigentlich ist Port Stephens äußerst geschichtsträchtig: Immer wieder stößt man auf die Spuren der lokalen Aborigines, und auch die ersten Europäer in Australien – darunter auch Kapitän James Cook – schrieben über die Region.

Port Stephens ist nur zweieinhalb bis drei Stunden Autofahrt nördlich von Sydney gelegen. Die Bucht ist ein beliebter Ausflugsort für gestresste Sydneysider, die ein Wochenende zum Ausspannen und für ein wenig Abenteuer suchen. Wassersport, Tiererlebnisse und Geländewagen-Abenteuer – Port Stephens bietet das volle Programm.

Teure Jachten an der Anchorage Marina

Nelson Bay, der Hauptort der Region, täuscht auf den ersten Blick. Sterile Betonklötze und eine eher langweilig gestaltete Esplanade laden nicht wirklich zum Verweilen ein. Der Trick ist jedoch, den Hauptort weitgehend zu vermeiden – und sich ganz auf die einzigartige Natur, die Tierwelt und die kilometerlangen Strände und Dünen der Region zu konzentrieren, die zu den schönsten Australiens gehören.

Vor allem die Landschaft der Worimi Conservations Lands bzw. die Stockton Bight Sand Dunes, die etwa zehn Autominuten vor Nelson Bay gelegen sind, sind für Europäer ein geradezu irrealer Anblick. Denn der Strand, der in eine kilometerbreite Dünenlandschaft übergeht, wirkt stellenweise mehr wie eine Wüste. Die bis zu einem Kilometer breiten und 32 Kilometer langen Dünen sind stellenweise bis zu 40 Meter hoch!

Das lädt natürlich zu einer Menge Dünenspaß ein. Wer genug Offroad-Erfahrung hat, kann mit einem Geländewagen in die Dünen fahren. Von Anna Bay (via Gan Gan Road) oder Williamtown (via Lavis Lane) aus gibt es Zugänge, doch bevor man das Auto mit an den Strand nimmt, braucht es eine sogenannte *permit*. Diese offizielle Zulassung, die man im Auto sichtbar auslegen muss, gibt es bei verschiedenen Tankstellen und im Besucherzentrum in Nelson Bay.

Sandboarding – ein Heidenspaß!

Wer sich nicht mit Geländewagenfahren auskennt (z. B. muss der Reifendruck auf etwa die Hälfte dessen verringert werden, was das Auto normalerweise benötigt), der sollte lieber Vorsicht walten lassen und eine organisierte Offroad-Tour buchen. Neben dem „kontrollierten" Geländewagenspaß werden übrigens auch Kamel- und Pferderitte oder Dünensurfen angeboten, bei dem man auf einem Brett (ein Karton tut es übrigens auch!) die Dünen hinuntersausen kann. Ein Heidenspaß!

Mit dem Geländewagen auf den Strand

Die Strände sind einer der Höhepunkte der Region, auch die kleineren, versteckteren und nicht nur der überdimensionale Stockton Beach. Erkunden muss man bei einem Besuch aber auch die Bucht, die in etwa zweieinhalb mal so groß ist wie der Hafen Sydneys, und das vorgelagerte Meer. Delfine sind dort das gesamte Jahr über zu sehen (oft auch bei der Fährfahrt von Nelson Bay ins gegenüberliegende Tea Gardens), doch von Mai bis November kann man hier auch die Wale sehen, die in Richtung Queensland und später wieder zurück in die Antarktis ziehen. Die Bootstouren, die von

Auf Walbeobachtungstour

der Marina in Nelson Bay starten, sind gut organisiert – wer sich traut, kann aber auch selbst mit einem kleinen Boot die Bucht erkunden. Dabei aber auf Untiefen achten und nicht aufs offene Meer hinausfahren!

Delfine und Wale sind nicht die einzigen interessanten Tiere. Aufmerksame Wanderer können im nahe gelegenen Tomaree National Park (z. B. am Tilligerry Creek entlang) Koalas in den Eukalyptusbäumen sichten. Lohnenswert ist auch der Tomaree Headland Lookout, der sich in rund 30 anstrengenden Minuten erreichen lässt und als Entschädigung dann aber mit einem Blick über die gesamte Bucht und die Inselwelt vor Port Stephens aufwartet. Ein ebenfalls schöner Weg führt zum Aussichtspunkt Gan Gan Lookout (von der Stockton Road aus erreichbar).

Info

Lage: Port Stephens ist mit dem Auto etwa 2,5 Std. oder über 180 km nördlich von Sydney gelegen. Die Bucht ist nur etwas über 30 km oder etwas über 30 Min. nördlich von Newcastle gelegen.

Anfahrt:

- Am einfachsten lässt sich Port Stephens über die Autobahn M1 in Richtung Gosford/Newcastle erreichen. Am Ende der M1 geht es nach rechts in Richtung Hexham und Pacific Highway. Über die Hexham Bridge fahren und dann an der Abbiegung Richardson Road/Raymond Terrace/Nelson Bay in Richtung Lemon Tree Passage, Soldiers Point, Nelson Bay, Corlette, Shoal Bay, Fingal Bay, One Mile Beach und Anna Bay.

- Die Region ist auch über den Flughafen in Newcastle erreichbar, per Zug von Newcastle aus (www.nswtrainlink.info) oder mit dem Bus (Port Stephens Coaches, www.pscoaches.com.au) von Sydney aus.

Achtung: Wie überall am Meer in Australien gilt Vorsicht beim Schwimmen. Auch das Geländewagenfahren am Strand will gelernt sein. Steile Dünen können ein Auto schnell mal zum Überschlag bringen. Auch wer im weichen Sand steckenbleibt, hat wenig Freude.

Eintritt: Gratis, wer aber mit dem Auto auf den Strand will, muss eine *permit* im lokalen Besucherzentrum in Nelson Bay oder an einer der nahen Tankstellen kaufen (etwa 10 AUD).

Aktivitäten:
- Geländewagentouren, Kamelausritte, Sandboarding und sämtliche Bootstouren sind buchbar über die Webseite der Region: www.portstephens.org.au/see-and-do.
- Die Fährfahrten ins nahe gelegene Tea Gardens gehen wie auch sämtliche andere Bootstouren von der Marina in Nelson Bay (Public Jetty Wharf, Victoria Parade) ab: www.portstephensferryservice.com.au
- *Irukandji Shark & Ray Encounters*, rund zehn Minuten vor Nelson Bay gelegen, hier kann man mit Haien und Rochen auf Tuchfühlung gehen, diese berühren und füttern. Auf den ersten Blick wirkt diese Idee ein wenig dubios, doch dem Zentrum geht es um den Schutz der Tiere und die Aufklärung, wie wichtig sie für die Ozeane unserer Meere sind, 686 Marsh Road, Bobs Farm, NSW 2316, Tel: +61 4982 2476, E-Mail: info@sharkencounters.com.au, sharkencounters.com.au

Unterkünfte: In der Region gibt es eine Fülle an Übernachtungsmöglichkeiten: Vom Zeltplatz bis zum Luxushotel. Besonders schön und mit eigener Marina (hier kann man sogar oft vom Ufer aus Delfine beobachten) ist das Hotel The Anchorage.
- *The Anchorage*, direkt am Meer gelegen, mit eigener Marina, Restaurant und Swimmingpool, 26 Corlette Point Road, Corlette, NSW 2315, Tel: +61 2 4984 2555, E-Mail: info@anchorageportstephens.com.au, www.anchorageportstephens.com.au
- *Thou Walla Sunset Retreat*, von einfachen Villas und Cottages bis hin zum Luxus-Glamping am Strand, 2 Ridgeway Avenue Soldiers Point, NSW 2317, Tel: +61 2 4988 0990, E-Mail: thouwalla@beachsideholidays.com.au, www.twsr.com.au

37. Newcastle: Hippe Hafenstadt mit Flair

Newcastle ist ein echter Geheimtipp. Selbst viele Australier wissen nicht, welche Perle sich in dem Ort, der zwei Stunden nördlich von Sydney liegt, versteckt. Denn Newcastle hat den Ruf eines Kohlehafens. Dabei wird vergessen, dass es eine hippe Stadt mit vielen Geheimtipps ist. Nicht umsonst hat auch der Lonely Planet den Ort 2011 zu einer der tollsten Städte der Welt ernannt.

Nobby's Head

Newcastle ist die zweitälteste Stadt Australiens und wartet deswegen auch mit viel historischer Architektur auf. Die Stadt – zwei Stunden nördlich von Sydney – ist direkt am Pazifik gelegen, mit hervorragenden Surfständen und einer Weinregion (Hunter Valley) vor der Haustür.

Newcastle ist ein echtes Stehaufmännchen. Im letzten Jahrhundert überstand die Stadt nicht nur ein heftiges Erdbeben, sondern auch die Schließung seiner Stahl- und Schiffbauindustrie. Auch die Kohlenschifffahrt neigt sich immer mehr dem Ende entgegen, doch Newcastle lässt sich dadurch nicht unterkriegen. Mit vielen Innovationen haben es der Ort und seine rund 500.000 Einwohner geschafft, eine recht aktive und attraktive Metropole zu werden. Mit dem Konzept der „Smart City", also der schlauen Stadt, hat sich der Ort selbst aus dem Morast, den Kohle und Stahl

Surfhouse Restaurant

hinterlassen haben, wieder herausgezogen. Viele Firmen testen beispielsweise neue Produkte und Servicedienstleistungen in Newcastle, bevor sie sie in den großen Metropolen anbieten. Die lokale Regierung prüfte hier schon neue Gesetze wie Sperrstunden für Kneipen, McDonald's ließ die Bürger in Newcastle sein neuestes Menü probieren und der Verkehrsverband testet selbstfahrende Autos in den ruhigen Straßen der kleineren Stadt anstatt auf den überfüllten Highways von Sydney.

Auffällig ist auch die vielfältige Gastronomie-Szene: Hippe Cafés, Restaurants und Bars gepaart mit einer vielfältigen Kunstszene tragen zum Charme des Städtchens bei. Einen Besuch wert ist das Newcastle Museum (6 Workshop Way, www.newcastlemuseum.com.au) im Honeysuckle Precinct an der Küste, um die Geschichte der Stadt kennenzulernen, aber auch um Wissenswertes über Wissenschaft und Technik zu erfahren.

Wer nicht surfen kann, der sollte zumindest ein Bad in den Art Deco Newcastle Ocean Baths (30 Shortland Esplanade, Newcastle East, www.visitnewcastle.com.au/newcastle-ocean-baths) einplanen. Aber auch an der Küste selbst lässt es sich entspannen. Der bekannteste Weg ist der etwa fünf Kilometer lange Bathers Way, der vom Leuchtturm bei Nobbys Headland über das Glenrock Reserve bis hin zu den frühen Kohlebaustätten am Burwood Beach führt. Besonders eindrucksvoll ist auch der Memorial Walk – ein Küstenspaziergang, der gleichzeitig Kunstwerk ist. Der Weg befindet sich über Memorial Drive The Hill, auf dem Strzelecki Headland (zwischen Bar Beach und King Edward Park). Der Spaziergang wurde zum Gedenken an den 100. Jahrestag der Landung der australischen und neuseeländischen Soldaten im türkischen Gallipoli während des Ersten Weltkrieges 1915 und den Beginn der Stahlherstellung in Newcastle gebaut. 64 Tonnen Edelstahl wurden verbaut – für eine 160 Meter hohe Brücke geschmückt mit Stahlsilhouetten von Soldaten. Ein dritter Spaziergang führt durch das Naturschutzgebiet der Hunter Wetlands (wetlands.org.au), die nur zehn Minuten von der Innenstadt entfernt sind.

Einen weiteren Stopp sollte man beim Merewether Aquarium einplanen, einem Fußgängertunnel, der vom lokalen Künstler Trevor Dickinson in eine Pop-Art-Unterwasserwelt verwandelt wurde. Wer aufmerksam schaut, sieht den Künstler selbst als Taucher verewigt.

Memorial Walk

Auf dem Memorial Walk mit Blick auf Newcastle

Info

Lage: Newcastle liegt etwa 160 km oder etwas über 2 Std. Autofahrt nördlich von Sydney an der Pazifikküste.

Anfahrt:

- Über die Autobahn M1 geht es von Sydney aus immer Richtung Norden – über Gosford bis nach Newcastle.
- Die Stadt ist auch einfach per Zug erreichbar: Züge fahren von Sydney aus alle 2,5 bis 3 Std.
- Selbstverständlich kann man auch nach Newcastle fliegen – doch bei einer Anreise aus Sydney macht dies zeitmäßig wenig Sinn. Flüge gibt es über die regionale Airline www.rex.com.au.

Unterkünfte:

- *Crown on Darby*, komfortables Hotel mit unterschiedlichen Zimmerkonfigurationen, 101 Darby Street, Cooks Hill, NSW 2300, Tel: + 61 2 4941 6777, E-Mail: reception@crownondarby.com.au, www.crownondarby.com.au
- *Clarendon Hotel*, modernes Business Hotel, 347 Hunter Street, Newcastle, NSW 2300, Tel: + 61 2 4907 6700, E-Mail: info@clarendonhotel.com.au, clarendonhotel.com.au

Im Inland von New South Wales

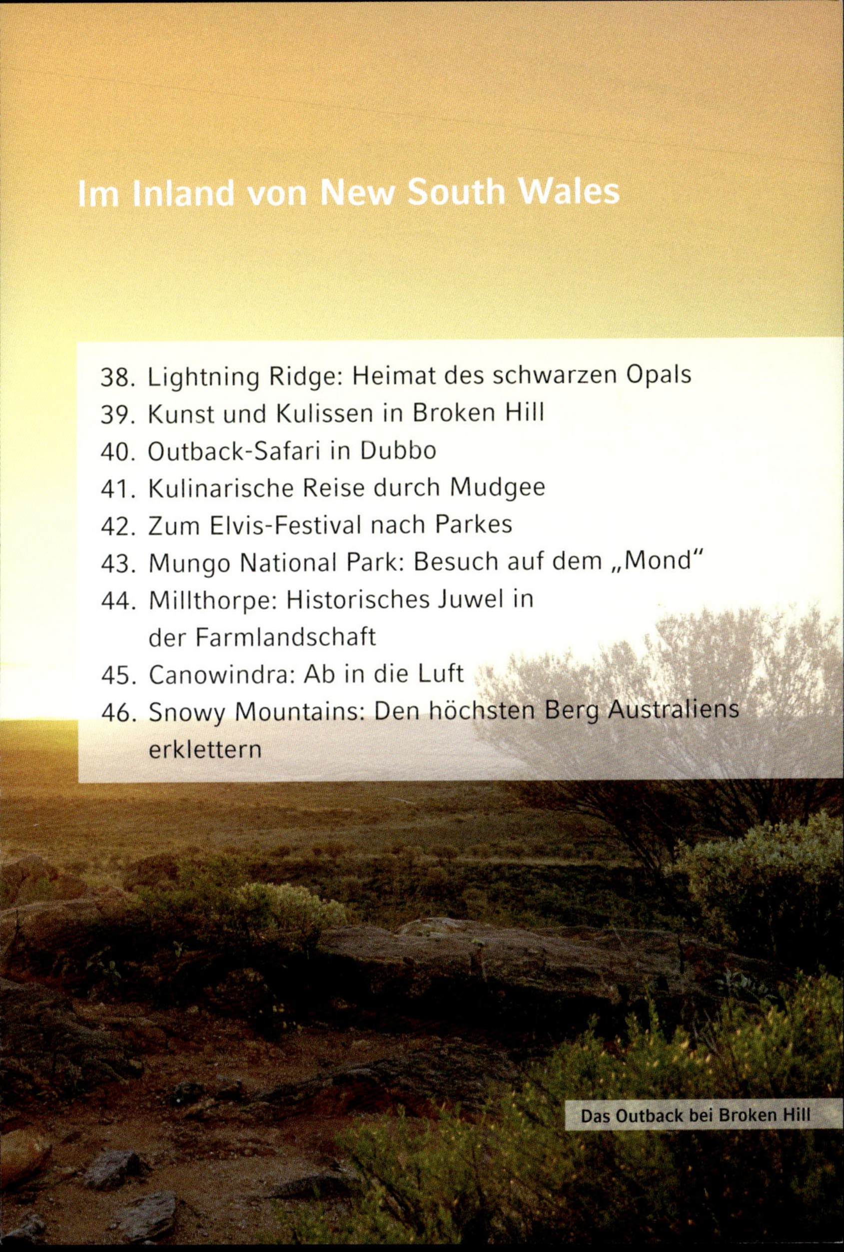

Das Outback bei Broken Hill

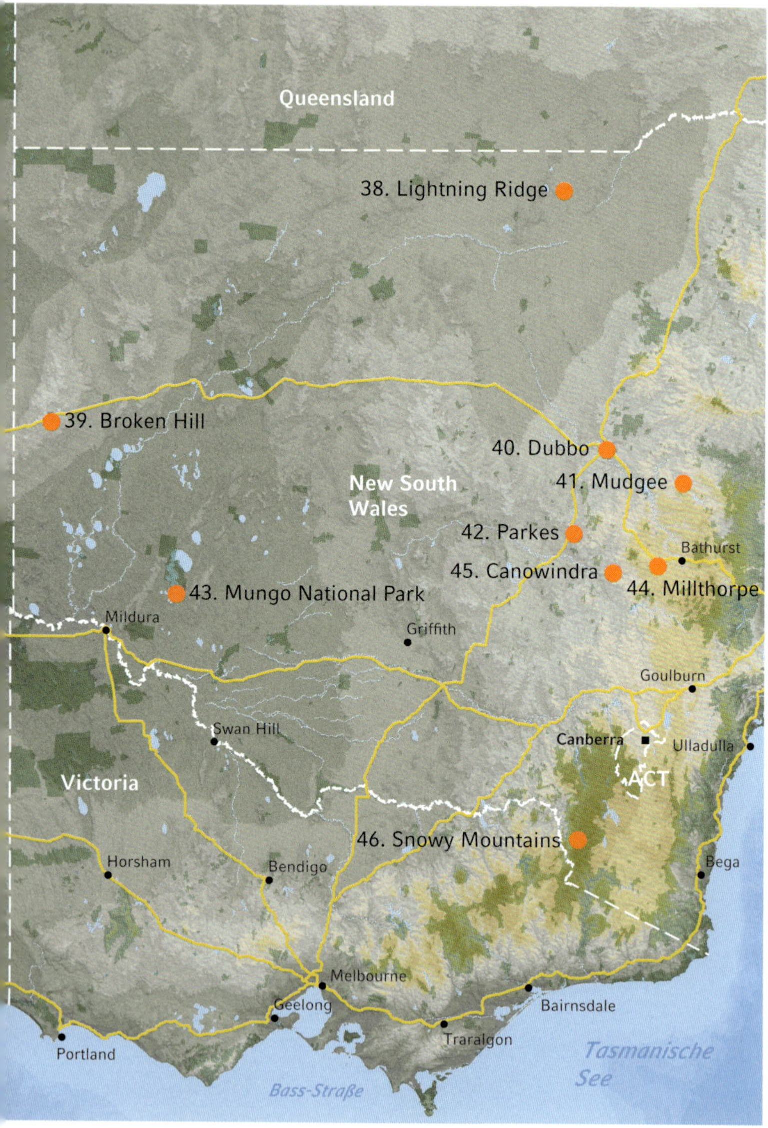
Queensland
38. Lightning Ridge
39. Broken Hill
40. Dubbo
41. Mudgee
New South Wales
42. Parkes
Bathurst
45. Canowindra
44. Millthorpe
43. Mungo National Park
Mildura
Griffith
Goulburn
Swan Hill
Canberra
Ulladulla
ACT
Victoria
46. Snowy Mountains
Horsham
Bendigo
Bega
Melbourne
Geelong
Bairnsdale
Traralgon
Portland
Tasmanische See
Bass-Straße

38. Lightning Ridge: Heimat des schwarzen Opals

Opale vereinen unzählige Farben in einem Edelstein. Die berühmten Opalzentren Australiens sind Coober Pedy, Andamooka oder White Cliffs. Gut erreichbar und mit touristischer Infrastruktur ausgestattet ist Lightning Ridge im Landesinneren von New South Wales, rund 700 Kilometer nordwestlich von Sydney gelegen. Hier wird nach dem schwarzen Opal gesucht, ein seltener, ganz besonderer Edelstein.

Lightning Ridge ist kein Ziel für denjenigen, der nach Kultur, Erholung, schönen Wanderungen oder spektakulären Stränden sucht. Der Ort im Outback von New South Wales verspricht dagegen ein bis zwei aufregende Tage für den, der Schatzsucher und das Leben im Busch kennenlernen will und dabei ein klein wenig erträumen möchte, wie es zu Zeiten des Goldrausches in Australien war. Idealerweise verbindet man einen Besuch in dem Bergwerksort mit einer Tour in die Blue Mountains, Mudgee/Orange und Dubbo.

Glitzernder Opal

In Lightning Ridge wird dabei allerdings nicht nach Gold gesucht, sondern nach Opalen, genauer gesagt nach dem einzigartigen schwarzen Opal, ein seltener Edelstein, für den Schatzsucher die umliegenden Ebenen seit dem 19. Jahrhundert wie einen Schweizer Käse durchlöchern. Eine Tour über die Opalfelder und in eine der Minen gehört zu einem Aufenthalt in Lightning Ridge natürlich dazu (siehe z. B. opalmineadventure.com.au).

Lightning Ridge, das seinen heutigen Namen angeblich in den 1870er-Jahren erhalten hat, als ein Bauer, sein Hund und 600 Schafe durch Blitze getötet wurden, ist ebenso bizarr wie der Mythos um seinen Namen. Der Ort mischt ländliches Ambiente mit exzentrischem Geschmack, den man nur in Lightning Ridge findet. Hier gibt es ein Haus gänzlich aus Flaschen und einen seltsam anmutenden, burgähnlichen Bau – das Astronomers

Monument, den der polnische Bergmann Alex Szperlak einst errichtete, um seinem Landsmann, dem Astronomen Kopernikus zu gedenken. Seit 1985 baut auch der in Italien geborene Vittorio Stefanato, oder kurz Amigo, eine Art Schloss, das immer mehr Räume und Türme erhält.

Amigos Castle

Das Bottle House beherbergt ein Museum mit lokalen Artefakten. Interessant sind auch das Lightning Ridge Heritage Cottage Museum, das in einer alten Bergarbeiter-Hütte aus dem Jahr 1932 untergebracht ist, oder die Chambers of the Black Hand, eine unterirdische Mine, in der sich ein Künstler mit bunten und fröhlichen Gravuren und Malereien verewigt hat. In letzterer kann man aber auch die Arbeit in einer Mine besichtigen.

Artesian Bore Baths

Durch die Lage des Ortes ist es im Sommer oft unerträglich heiß, sodass sowohl die Einheimischen als auch die Urlauber eigentlich nur die Wintermonate in Lightning Ridge verbringen, in dem es trotz seiner Abgelegenheit Motels, Restaurants und Geschenkläden gibt, die selbstverständlich die raffinierten Opale verkaufen, welche die Schatzsucher in jahrelanger harter Arbeit aus dem Boden holen.

Eine nette Abwechslung ist der Besuch im Thermalbad in der Pandora Street. Die Lightning Ridge Artesian Bore Baths sind ein Freibad mit einer konstanten Temperatur von 42 Grad, und ein Besuch ist vor allem am Abend mit Blick in den Sternenhimmel ein Erlebnis.

Zum exzentrischen Flair des Ortes gehört natürlich auch eines der berühmten „Big Things", die die Highways Australiens nicht immer geschmackvoll zieren. Lightning Ridge hat einen großen Emu namens Stanley, der zehn Kilometer südlich des Ortes auf dem Castlereagh Highway steht und von einem lokalen Künstler aus einer Tonne Schrott, drei alten Volkswagen-Karosserien und einem Paar rostiger Satellitenschüsseln gebaut wurde.

Info

Lage: Lightning Ridge ist knapp 730 km nordwestlich von Sydney gelegen und kann über Mudgee und Dubbo erreicht werden. Die Grenze zum Bundesstaat im Nordosten – Queensland – ist nur etwas über 60 km entfernt.

Anfahrt:

- Von Sydney aus geht es auf die Autobahn M4 in Richtung Blue Mountains. Durch die Blauen Berge führt der sogenannte Great Western Hwy (A32). Auf diesem Highway bleiben bis nach Lithgow. Dort geht der Highway über in den Castlereagh Highway (B55) in Richtung Mudgee und später nach Gilgandra und Walgett bis einen eine Abzweigung (Bill O'Brien Way) rechts ab nach Lightning Ridge leitet.
- Wer nicht mit dem Auto unterwegs ist, könnte mit Air Link (www.airlinkairlines.com.au) oder Rex Airlines (www.rex.com.au) bis Dubbo fliegen oder mit NSW TrainLink (transportnsw.info/regional) per Zug nach Dubbo reisen und von dort einen Bus (www.railmaps.com.au) oder ein Mietauto nach Lightning Ridge nehmen.

***Achtung*:** Lightning Ridge ist echtes Outback. Im Sommer können die Temperaturen hier ins Extreme klettern! Ein Besuch empfiehlt sich daher in den Wintermonaten. Die Minen bitte nur mit einer Führung betreten und nicht auf eigene Faust erkunden!

Aktivitäten: Neben den im Text erwähnten Aktivitäten lohnt auch ein Besuch der Kakteengärtnerei Bevan's Black Opal Cactus Nursery, ab der Bald Hill Road, Tel: +61 2 6829 2778, www.bevanscactus.com

Unterkünfte:

In Lightning Ridge gibt es trotz seiner einsamen Lage ausreichend Unterkünfte. Viele sind jedoch eher rustikal. Allzu viel Luxus sollte man sich nicht erwarten!

- *Sonja's Bed and Breakfast*, Frühstückspension mit vier unterschiedlich gestalteten Suiten, 60 Butterfly Avenue, Lightning Ridge, NSW 2834, Tel: +61 2 6829 2010, sonjasbedandbreakfast.com

39. Kunst und Kulissen in Broken Hill

Wer das echte australische Outback erleben will, der muss nicht unbedingt ins Northern Territory, nach Süd- oder Westaustralien fahren. Broken Hill in New South Wales bietet den kompletten Rundumschlag – landschaftlich und kulturell. Und wer ein Filmfan ist, der kommt ebenfalls auf seine Kosten. Denn die dramatische Landschaft war schon oft Kulisse für Hollywoodfilme.

In der Day Dream Mine

Broken Hill ist ab vom Schuss – doch ein Ausflug lässt sich gut mit den Blue Mountains, Mudgee und Dubbo verbinden, und wer Zeit und Lust hat, kann von hier aus sogar weiter bis nach Adelaide in South Australia fahren. Reine Fahrzeit ist von Sydney aus mindestens 13 Stunden, 1100 Kilometer ist der Ort von der Millionenmetropole entfernt. Wer die lange Autofahrt scheut, der kann mit der regionalen Fluglinie Rex (www.rex.com.au) auch nach Broken Hill fliegen oder mit dem legendären Indian Pacific (www.greatsouthernrail.com.au) per Zug von Sydney aus anreisen.

Broken Hill ist eine einstige Bergbaumetropole: Silber, Zink und Blei wurden hier gefördert, und noch heute kann man die harte Arbeit der ersten Bergleute nachvollziehen, wenn man eine Minentour (Day Dream Mine, www.daydreammine.com.au) mitmacht – fast schon ein Muss bei einem Stopp in Broken Hill. Wer jedoch glaubt, dass nur Bergwerke und Minen die Stadt geprägt haben, der könnte nicht weiter von der Wahrheit entfernt sein. Denn Broken Hill mit seinen rund 18.000 Einwohnern ist ein ansprechender Ort mit historischen Häusern – die gesamte Stadt steht unter Denkmalschutz – wie man beim sogenannten Broken Hill Heritage Walk erfährt, der einen zu den wichtigsten Bauten führt. Vor allem an der Argent Street reihen sich viele Geschäfte, Restaurants und Cafés auf, mit dem Palace Hotel (227 Argent Street, www.thepalacehotelbrokenhill.com.au) als Höhepunkt. In diesem prächtigen Gebäude wurde einst der bekannte australische Film „Priscilla, Königin der Wüste" gedreht.

Die Halden – Überbleibsel der Bergbauindustrie – und die karge Outbacklandschaft gepaart mit einem oftmals dramatischen Himmel bieten interessante Fotomotive. Ein Abstecher lohnt zur Line of Lode, einem Hügel, wo eines der berühmten „Big Things" steht, die ganz Australien zieren: In diesem Fall ist es eine überdimensionale Bank, die ebenfalls interessante, eher lustige Fotomotive liefert. Die Landschaft zieht auch immer wieder Künstler an, der berühmte australische Maler Kevin Charles „Pro" Hart, der Vater der Outback-Malerei, hat hier gewirkt und seine Bilder sind noch heute in Museen und Galerien (Broken Hill Regional Art Gallery, 404-408 Argent Street, www.brokenhill.nsw.gov.au/explore/broken-hill-regional-art-gallery, und Pro Hart Gallery, 108 Wyman Street, www.prohart.com.au) ausgestellt. Ein weiteres interessantes und interaktives Museum im Ort ist das Albert Kersten Bergbau- und Mineralienmuseum (Bromide Street Ecke Crystal Lane, mgnsw.org.au/organisations/albert-kersten-mining-and-minerals-museum-geocentre), wo man beispielsweise einen 42 Kilogramm schweren Silbernugget bewundern kann. Ebenfalls einen Besuch wert ist das Besucherzentrum des Royal Flying Doctor Services (RFDS, Bruce Langford Visitors Centre, Broken Hill Airport, Bonanza Street, mgnsw.org.au/organisations/bruce-langford-visitors-centre), des medizinischen Services, der per Flugzeug das gesamte Innere Australiens abdeckt.

Die Big Bench von Broken Hill

Royal Flying Doctor Service

Noch mehr Kunst gibt es dann bei einem kurzen Ausflug in die Natur – rund 15 Minuten oder neun

Skulpturen ...

Kilometer außerhalb von Broken Hill. Im sogenannten Living Desert Flora & Fauna Sanctuary kann man auf kurzen Wanderwegen nicht nur die Outback-Landschaft genießen, sondern auch eine eindrucksvolle Skulpturensammlung, die während des Sculpture Symposiums 1993 entstanden ist, als Bildhauer aus aller Welt Sandsteinskulpturen inspiriert von der Natur des Outbacks gestaltet haben.

Ein weiterer lohnenswerter Ausflug führt zum kleinen Örtchen Silverton, 25 Kilometer nordwestlich von Broken Hill, und zu den nochmal vier Kilometer weiter gelegenen Mundi Mundi Plains, wo ein Aussichtspunkt einen eindrucksvollen Blick über die Outback-Landschaft bietet (besonders schön zum Sonnenuntergang). In Silverton wurden schon etliche Filme gedreht, darunter Mad Max 2, und Filmfans werden so manche Kulisse sicher wiedererkennen.

... in der Living Desert

Info

Lage: Broken Hill ist über 1100 km von Sydney oder mindestens 13 Std. Fahrt von der Küstenstadt entfernt.

Anfahrt: Broken Hill kann per Zug (Indian Pacific, www.greatsouthernrail.com.au) oder mit dem Flieger (www.rex.com.au) erreicht werden. Vor Ort empfiehlt sich zumindest für die Ausflüge ein Mietauto. Wer mit dem Auto anreist, sollte die Fahrt aufbrechen oder zumindest ausreichend Pausen einlegen. Die kürzeste Route ist über die Blue Mountains (Autobahn M4). In den Blauen Bergen geht es immer den Great Western Highway entlang bis nach Marrangaroo. Danach geht es auf dem Castlereagh Highway weiter bis nach Mudgee und später auf der Goolma Road nach Dubbo. Von hier führt der Mitchell Highway bis nach Nyngan und von dort bringt einen der Barrier Highway direkt bis nach Broken Hill.

Aktivitäten: Neben den genannten Minentouren, Galerien und Parks können von Broken Hill aus mehrere Outbacktouren, unter anderem zum Mutawintji National Park gebucht werden.

- *Tri State Safaris* bzw. *Mutawintji Eco Tours*, 422 Argent Street, Broken Hill, NSW 2880, Tel: 1 300 688 225, E-Mail: tours@tristate.com.au, tristate.com.au

Achtung: Broken Hill ist klassisches Outback. Das heißt, im Sommer können die Temperaturen tagsüber auf über 40 Grad ansteigen. Die Wintermonate empfehlen sich deswegen eher für einen Besuch, vor allem wenn Wanderungen mit auf dem Programm stehen. Hierbei gilt: Immer ausreichend Wasser und Sonnenschutz mitführen und gegebenenfalls beim Besucherzentrum oder Gastgeber Bescheid geben, was man plant.

Unterkünfte:

- *Eldee Station*, Übernachten auf einer der großen Outbackfarmen, 2886 Wilangee Road, Silverton, NSW 2880, Tel: +61 8 8091 2578, www.eldeestation.com
- *Red Earth Motel*, 469 Argent Street, Broken Hill, NSW 2880, Tel: +61 8 8088 5694, E-Mail: stay@redearthmotel.com.au, www.redearthmotel.com.au

40. Outback-Safari in Dubbo

Fast 400 Kilometer nordwestlich von Sydney liegt Dubbo. Dubbo selbst mag kein typischer Urlaubsort sein, doch ein Besuch des lokalen Zoos ist nicht nur für Familien ein Abenteuer. Denn der Taronga Western Plains Zoo vermittelt Safari-Gefühl, vor allem auch weil Wassergräben oder Naturzäune die großen Gehege von den Besuchern trennen.

Müder Löwe

Dubbo ist mit seinen fast 40.000 Einwohnern eines der regionalen Zentren im Westen von New South Wales. Hauptattraktion ist der lokale Zoo, der Taronga Western Plains Zoo, der am Newell Highway im Süden Dubbos, rund vier Kilometer außerhalb der Stadt liegt. Er wird von der Taronga Conservation Society zusammen mit dem Taronga Zoo Sydney betrieben.

Der Taronga Western Plains Zoo beherbergt Tiere aus der ganzen Welt: Vor allem viele größere afrikanische Tiere, die mehr Auslauf und größere Grasflächen brauchen wie Nashörner, Löwen, Giraffen, Elefanten, Antilopen und Zebras, haben hier ein Zuhause gefunden. Das Besondere des Zoos ist sein Open-Range-Design: Dadurch, dass Wassergräben und Naturzäune die Gehege abgrenzen, entsteht auf dem sechs Kilometer langen Rundweg der Eindruck, auf einer afrikanischen Safari zu sein und die Tiere in freier Wildbahn zu erleben. Die sechs Kilometer kann man über eine organisierte Tour über den Zoo erkunden, per Elektrokart, mit dem Fahrrad, zu Fuß und sogar mit dem eigenen Auto.

Nashorn

Insgesamt umfasst das Gelände 300 Hektar und besteht aus Wald und Grasland. Als der Zoo 1977 eröffnet wurde, startete er mit gerade einmal

35 verschiedenen Tieren aus sechs Ländern. Inzwischen umfasst der Zoo hunderte unterschiedliche Tiere, neben den bereits erwähnten Tieren auch Lemuren, Kamele, Nilpferde, Tiger, Büffel sowie eine große Anzahl australischer Tiere, darunter Kängurus, Wallabys, Koalas, Dingos, Wombats, Echidnas und Tasmanische Teufel.

Eine weitere Besonderheit ist, dass man im Zoo auch die Nacht verbringen kann. Es gibt unterschiedliche Kategorien – von Zelten bis hin zu Hütten und recht luxuriösen Varianten.

Ein Tipp ist, nicht nur den Fotoapparat, sondern auch ein Fernglas mitzubringen. Denn durch die weitläufigen Gehege sind die Tiere nicht immer einfach zu sehen.

In den Zelten kann man übernachten.

Weite Steppe im Taronga Western Plains Zoo

Info

Lage: Dubbo ist rund 400 km nordwestlich von Sydney gelegen. Für eine Fahrt mit dem Auto sollte man auf alle Fälle 6 Std. einrechnen. Ein Ausflug nach Dubbo lässt sich gut mit den Blue Mountains und Mudgee und/oder Orange verbinden.

Anfahrt:

- Die Blue Mountains sind über die Autobahn M4 erreichbar, die direkt in den Great Western Highway (A32) übergeht. Dieser A32 folgt man durch die Blue Mountains bis nach Bathurst und später Orange bis der gleiche Highway einen direkt nach Dubbo führt.
- Wer wenig Zeit mitbringt, kann in einer Stunde auch von Sydney nach Dubbo fliegen. Flüge sind über Qantas (www.qantas.com.au) oder die regionale Airline Rex (www.rex.com.au) buchbar.
- Mit dem Zug dauert eine Fahrt von Sydney aus 7 Std., transportnsw.info/regional
- Der Zoo ist mit dem Auto 5 min südlich des Ortes gelegen (Newell Highway). Vom Zentrum geht auch ein Bus zum Zoo, www.dubbobuslines.com.au

Öffnungszeiten: Täglich 9 bis 16 Uhr.

Eintritt: 48 AUD für Erwachsen, 28 AUD für Kinder (4-15 J.). Es gibt Familienangebote sowie Kombi-Pakete, die Übernachtung und Zooeintritt verbinden. Der Eintritt ist für 2 Tage gültig und der Zoo ist 7 Tage die Woche geöffnet. Etwas günstiger ist es, wenn man die Eintrittskarten vorab im Internet bucht.

Unterkünfte:

- *Taronga Western Plains Zoo*, unterschiedliche Unterkünfte von Zelten bis zu Hütten in unterschiedlichen Preisklassen und mit unterschiedlichem Luxus, Obley Road, Dubbo, NSW 2830, Tel: +61 2 6881 1488, E-Mail: stayovernight@zoo.nsw.gov.au, taronga.org.au/dubbo-zoo/accomodation
- Auch in Dubbo selbst gibt es natürlich Unterkünfte, wer aber das „volle" Safari-Erlebnis möchte, der sollte sich eine Nacht im Zoo gönnen.

Tipp: Ein netter Tagesausflug von Dubbo ist es, das dreidimensionale, nachgebaute Sonnensystem in Coonabarabran zu besuchen und mit dem Auto quasi durch das „Weltall zu fliegen", 2 Std. Fahrt via Newell Highway (A39), www.solarsystemdrive.com

Webseite: taronga.org.au/dubbo-zoo

41. Kulinarische Reise durch Mudgee

Rund dreieinhalb Stunden nordwestlich von Sydney liegt die Weinregion um Mudgee. Mudgee selbst ist ein historischer Ort, der vor allem für gutes Essen und Wein steht. Dies hat er nicht zuletzt auch vielen deutschen und italienischen Einwanderern zu verdanken. Von Mudgee aus lassen sich aber auch eine alte Goldgräberstadt und die Heimat eines pflanzlichen Dinosauriers besuchen.

Im Zentrum von Mudgee

Dreieinhalb Stunden von Sydney in Richtung Landesinnere liegt ein überraschend elegantes Städtchen, mit dem man so weit von der Millionenmetropole entfernt fast schon nicht mehr rechnen würde: Mudgee ist ein Überbleibsel der Goldrausch-Geschichte. Die gut erhaltenen historischen Bauten und schön angelegten Parks zeugen noch heute vom Reichtum des 19. Jahrhunderts.

Besonders lohnt Mudgee aber als kulinarische Reise und die sollte gut vorbereitet sein. Denn die herausragenden Restaurants sind oft gut ausgebucht und müssen vorab reserviert werden. Spontan kann man dagegen beim Besuch der Weinkellereien sein, die *open cellar doors* anbieten und damit zur Weinprobe einladen. Besonders schön ist, die Anwesen zu besuchen, die an den Seitenstraßen der Ulan/Cassilis Road in Richtung Newcastle liegen. Etwas außerhalb von Mudgee ist an dieser Straße auch der sogenannte Frog Rock gelegen, eine Steinformation, die wie ein Frosch geformt ist.

Weinkeller

Eine besonders interessante kleine Weinkellerei ist das Short Sheep (47 Buckaroo Lane, www.shortsheep.com.au). Der Familienbetrieb baut seit 2002 Weinstöcke an und hat 2010 den ersten Wein gekeltert. In dem kleinen Weingut kann man sich den Vorgang des Weinkelterns anschauen und lernt zudem über den nachhaltigen Weinanbau. Denn die Kellerei heißt nicht umsonst Short Sheep. Rund 30 Schafe grasen hier unter den Reben, um Gras und Unkraut klein zu halten, die unteren Blätter der Reben abzufressen, damit diese ihre Energie in die Trauben packen, und natürlich auch, um den Boden zu düngen.

Weinkellerei Short Sheep in Mudgee

Pipeclay Pumphouse

Nicht weit von hier sind drei der besten Restaurants der Umgebung – das Pipeclay Pumphouse Restaurant (Pipeclay Lane, Budgee Budgee, pipeclaypumphouse.com.au), das an einem romantischen Teich mit zahlreichen fotogenen Skulpturen wie einem radfahrenden Känguru oder dem berüchtigten Outcast Ned Kelly gelegen ist. Direkt neben dem Restaurant ist auch eine Weinkellerei (mit angeschlossenem Motorradmuseum), die ihre Ursprünge nach Deutschland zurückverfolgen kann – zu einem Winzer, der einst zusammen mit anderen deutschen Auswanderern Anfang des 19. Jahrhunderts den kommerziellen Weinbau in New South Wales gestartet hat (robertstein.com.au).

Alby & Esthers Weinbar

Zehn Minuten entfernt liegt ein weiteres besonderes Restaurant, für das man Zeit und Muse mitbringen muss: Das Zin House (329 Tinja Lane, www.zinhouse.com.au) serviert saisonale Gerichte und baut die meisten Zutaten selbst an oder kauft sie bei Nachbarn ein. Serviert wird ein mehrgängiges Menü, für das man zweieinhalb bis drei

Stunden einplanen sollte. Das Zin House erinnert mit seinem Charme an die französische Provence. Nach Italien versetzt fühlt man sich dagegen im Restaurant des Di Lusso Estate (162 Eurunderee Lane, dilusso.com.au).

Auch im Zentrum von Mudgee finden sich einige nette kleine Cafés und Restaurants, allen voran die kleine Weinbar Alby & Esthers (61 Market Street, albyandesthers.com.au), die versteckt in einer Gasse neben edlen Weinen auch Platten mit Rippchen, Schweinebraten oder gebackenem Brie anbietet.

Info

Lage: Mudgee ist knapp 270 km nordwestlich von Sydney gelegen. Mit dem Auto sollte man mindestens 3,5 Std. Fahrzeit einplanen.

Anfahrt:

- Von Sydney aus geht es auf die Autobahn M4 in Richtung Blue Mountains. Durch die Blauen Berge führt der sogenannte Great Western Hwy (A32). Auf diesem bleiben bis nach Lithgow. Dort geht der Highway über in den Castlereagh Highway (B55), der einen direkt nach Mudgee bringt.
- Für ganz Eilige gibt es eine Fluglinie: Pelican Airlines (www.flypelican.com.au)
- Etwas länger ist man dagegen mit dem Zug unterwegs: www.nswtrainlink.info

Aktivitäten: Mudgee bietet sich auch als Ausgangsort für Ausflüge in die Umgebung an – in die koloniale Goldgräberstadt Gulgong mit ihren rund 130 denkmalgeschützten Gebäuden und Australiens ältestem Opernhaus oder nach Rylstone, von wo aus man auch einen Abstecher in den berühmten Wollemi National Park machen kann, wo einst die Wollemi-Kiefer gefunden wurde, die als noch lebender Dinosaurier der Pflanzenwelt gilt.

Unterkünfte:

- *Short Sheep Micro-Winery*, die im Text erwähnte Weinkellerei bietet auch zwei Cottages an, 47 Buckaroo Lane, Buckaroo, NSW 2850, Tel: +61 4 2029 9999, E-Mail: wine@shortsheep.com.au, www.shortsheep.com.au
- *The Horatio*, moderne Suiten, 15 Horatio Street, Mudgee, NSW 2850, Tel: +61 2 6372 7727, E-Mail: info@thehoratio.com.au, www.thehoratio.com.au

42. Zum Elvis-Festival nach Parkes

Parkes, rund fünf Autostunden westlich von Sydney gelegen, ist mit seinen über zehntausend Einwohnern ein bedeutendes regionales Zentrum. Jeden Januar versetzt sich die Stadt jedoch zurück in die 1960er-Jahre. Beim Elvis Festival verwandeln sich alle in Elvis Presley, Priscilla & Co. Außerdem steht in Parkes ein Radioteleskop, das einst beim ersten Besuch auf dem Mond half.

In Parkes kann man manchem Skurrilem begegnen – zum Beispiel dem einen oder anderen verkappten King of Rock 'n' Roll. Denn Parkes ist das Zentrum für Elvis-Fans. Jeden Januar wird hier ein Festival zu Ehren des berühmten amerikanischen Sängers und Schauspielers gefeiert und dabei die Mode und der Stil Presleys zelebriert (www.parkeselvisfestival.com.au, Tickets ab September buchbar). Unzählige Elvis-Imitatoren strömen dann nach Parkes, um der Musiklegende zu gedenken. Es wird Musik gemacht und Rock 'n' Roll getanzt, eine Parade zieht durch die Straßen, eine Miss Priscilla wird ernannt und Parkes fühlt sich zurückversetzt in die 1960er-Jahre.

Elvis lebt!

Das jährliche Spektakel hat Parkes seit den Anfängen des Festivals in den 1990er-Jahren über die Grenzen Australiens bekanntgemacht. Heute ist das fünftägige Festival eine der beliebtesten Veranstaltungen in Australien. Unterkunft und Anreise müssen deswegen auch frühzeitig gebucht werden – denn während des Festivals platzt die Stadt aus allen Nähten.

Ganzjähriges Highlight im Ort ist dagegen das große CSIRO Parkes Observatory (585 Telescope Road, www.parkes.atnf.csiro.au), das den passenden Spitznamen The Dish trägt – gut gewählt, denn es sieht tatsächlich ein wenig wie eine Schüssel in der Landschaft aus. Das Radioteleskop half bei der Mondlandung Apollo 11 von 1969 mit, als Neil Armstrong als erster Mensch auf dem Mond spazieren ging. Im Besucherzentrum des Observatoriums gibt es dabei alles Wissenswerte nachzulesen und ganz nebenbei lernt man eine Menge über Astronomie.

Das Parks Observatory

Einen weiteren Stopp sollte man im Henry Parkes Centre (66/78 Newell Highway) einplanen, in dem sich mehrere interessante Museen und das King's Castle Elvis Exhibit befinden, das echte Elvis Presley-Artefakte zeigt. Kleinere Ausflüge könnten zum Utes in the Paddock führen, eine Skulpturen-Ausstellung, in der mehrere berühmte australische Künstler die beliebten australischen Pick-up-Trucks bemalt haben (die Ausstellung ist umgezogen und jetzt in Condobolin zu sehen, etwa 1 Std. westlich von Parkes) oder zum Lake Cargelligo, südwestlich von Condobolin, wo man Kajak und Wasserski fahren, Angeln und Segeln kann. Ein Teil des Gebietes ist dabei Vogelschutzgebiet.

Beim Elvis Festival

Eine kurze Fahrt (30 Min.) südwestlich von Parkes ist Forbes gelegen, eine hübsches Städtchen am Fluss mit historischen Gebäuden, in der sich auch einige schöne Unterkünfte befinden (siehe Info). Forbes ist etwas kleiner und beschaulicher als Parkes und ein überraschend eleganter Ort. Wer vor allem während des Elvis-Festivals auch mal seine Ruhe haben möchte, tut gut daran, in Forbes zu übernachten und das Spektakel in Parkes nur zu besuchen.

Der King ist überall ...

Umgebung von Parkes

Info

Lage: Für die Fahrt von Sydney sollte man mindestens 5 Std. einplanen. Von Canberra sind es etwas mehr als 3 Std. Von Sydney aus kommt man durch die Blue Mountains und an Bathurst und Orange vorbei, sodass man auch eine Tour planen könnte.

Anfahrt:

- Von Sydney aus geht es über die M4 in Richtung Blue Mountains. Der Great Western Highway (A32) führt einen durch die Blauen Berge, an Orange vorbei, bis es zum Escort Way (B 81) abgeht. Ein ganzes Stück nach Orange folgt dann die nächste Abzweigung zum Henry Parkes Way. Dieser führt einen direkt nach Parkes.
- Wer weniger Zeit hat, könnte auch nach Parkes fliegen (Regionale Airline Rex, www.rex.com.au).
- Mit dem Zug muss man etwas über 6 Std. einplanen und in Orange umsteigen, transportnsw.info/regional

Unterkünfte:

- *Spanish Lantern Motor Inn*, günstiges, aber ordentliches Familienmotel, 62 Peak Hill Road, Parkes, NSW 2870, Tel: +61 2 6862 3388, E-Mail: spanishlantern@bigpond.com, www.spanishlantern.com.au
- *Girragirra Retreat*, luxuriöse Landidylle in der Nähe von Forbes gelegen, 180 Warrul Road, Forbes, NSW 2871, Tel: +61 4 4974 4681, E-Mail: hello@girragirra.com, girragirra.com
- *Hillberry House Bed and Breakfast*, Frühstückspension in Forbes, 7 Little Queen Street, Forbes, NSW 2871, Tel: +61 4 2795 2989, E-Mail: neil@hillberry.house, hillberry.house

43. Mungo National Park: Besuch auf dem „Mond"

Der Mungo National Park ist eine der spektakulärsten Landschaften Australiens. Doch seine abgelegene Lage macht einen Besuch nicht einfach. Wer aber ohnehin schon bis Broken Hill gereist ist, sollte einen Ausflug in den Park mit einplanen, auch wenn es von hier nochmal über 300 Kilometer sind – angesichts der australischen Entfernungen quasi eine Kurzstrecke.

Walls of China

Der Mungo National Park liegt tief im Outback von New South Wales. Über 300 Kilometer sind es von hier bis Broken Hill. Sydney ist über 1000 Kilometer entfernt – oder ein Minimum von 13,5 Stunden Fahrt. Direkt zum Park und im Park selbst sind die Straßen nicht geteert. Bei gutem Wetter sind sie zwar gut befahrbar und es braucht keinen Geländewagen, doch während oder nach starkem Regen kann es sein, dass die Straßen aus Sicherheitsgründen sogar gesperrt werden müssen.

Im Park selbst erwartet einen eine unheimliche und gleichzeitig wunderschöne Mondlandschaft. Die 35 Kilometer lange und in Teilen bis zu 30 Meter hohe Formation, die sogenannten Great Walls of China, sind das markante Motiv auf Postkarten und ähnlich wie der berühmte Uluru je nach Tageszeit und Lichtstimmung ein eindrucksvolles Fotomotiv. Die an der Ostseite der Seen gelegenen, hoch aufragenden Dünen bestehen aus Quarz und Ton, und einen Sonnenuntergang bei den Great Walls zu erleben, ist ein unvergessliches Erlebnis.

Der Park hat eine jahrtausendealte indigene Kultur, die Forscher auf über 50.000 Jahre zurückverfolgen konnten. Das heißt, der Nationalpark ist einer der Orte, die am längsten von Menschen besiedelt waren. Er ist auch Symbol dessen, wie Menschen mit sich verändernden klimatischen

Bedingungen umgehen, nachdem die Seen im Park im Laufe der Zeit austrockneten und die Lebensbedingungen der Anwohner sich dadurch deutlich erschwerten.

Spektakuläre Landschaft

Internationale Schlagzeilen machte der Park aufgrund zweier Funde – der „Mungo Woman" und des „Mungo Man". Diese ältesten bekannten Australier waren vor mehr als 40.000 Jahren am Ufer des ausgetrockneten Lake Mungo beigesetzt worden. Ihre Überreste wurden Ende der 1960er- bzw. Anfang der 1970er-Jahre von einem Wissenschaftler entdeckt und für Untersuchungen mitgenommen und waren über Jahrzehnte zum Streitpunkt zwischen der weißen und der indigenen Bevölkerung geworden, bis man sich im Fall der Frau 1992 und im Fall des Mannes 2017 entschied, die Überreste wieder in ihre Heimat zurückzubringen. Die uralten Bestattungsorte oder Feuerstellen zu sehen, die Einblicke in die Anfänge der Menschheit geben, lässt einen definitiv Ehrfurcht verspüren.

Vom interessanten Besucherzentrum des Parks startet der etwa 70 Kilometer lange Mungo Loop Track, eine Fahrt, während der man einen guten Eindruck der Wüstenlandschaft bekommt und an etlichen markanten Punkten im Park stoppen kann. Ebenfalls lohnenswert ist der sogenannte Zanci Pastoral Loop, der ebenfalls am Besucherzentrum startet und einen an den Ruinen der historischen Zanci Homestead vorbeiführt. Im Besucherzentrum kann man auch von Ureinwohnern geführte Touren buchen, die sich aufgrund der signifikanten indigenen Vergangenheit des Parks unbedingt empfehlen!

Wer Zeit hat, der sollte auch noch einen Abstecher zu den Perry Sandhills, sechs Kilometer außerhalb des nahe gelegenen Ortes Wentworth machen. Die sich ständig verändernden Dünen dienten schon vielen Filmen und Fernsehshows als Hintergrund.

Mungo National Park

Info

Lage: Der Mungo National Park ist nicht einfach zu erreichen. Idealerweise verbindet man ihn mit einem längeren Trip, z. B. mit einem Besuch in Broken Hill, das etwas über 300 km entfernt ist. Von Sydney ist der Park über 1000 km oder mindestens 13,5 Std. Fahrt entfernt. Ein Mietauto ist fast ein Muss!

Anfahrt:

- Von Sydney aus folgt man zunächst dem Hume Highway bis zur Abzweigung nach Wagga Wagga. Ab hier geht es auf der A20 bzw. dem Sturt Highway bis nach Balranald. Von Balranald aus den Schildern nach Ivanhoe für etwas über 50 km folgen. 3 km nach der Box Creek Bridge geht es nach links ab und danach folgt man nur der Straße bis zum Parkeingang.
- Um die Anreise von Sydney abzukürzen, könnte man mit der regionalen Fluglinie Rex nach Mildura oder Broken Hill (www.rex.com.au) fliegen und von dort fahren.
- Wer von Broken Hill anreist, muss den Schildern nach Menindee und später nach Pooncarie folgen. Pooncarie lässt man hinter sich und fährt weitere 20 km Richtung Süden. Dort geht es in die Top Hut Road in Richtung Mungo National Park.
- Von Mildura geht es über die Brücke nach Buronga und man folgt dem Silver City Highway in Richtung Broken Hill. Nach Buronga sieht man die Arumpo Road mit einem Schild, das in Richtung Mungo National Park führt.

Aktivitäten: Neben den *aboriginal rangern* im Park gibt es organisierte Parktouren, z. B.

- *Tri State Safaris*, 422 Argent Street, Broken Hill, NSW 2880, Tel: 1300 688 225, E-Mail: tours@tristate.com.au, www.tristate.com.au
- *Outback Geo Adventures*, 126 Ballandella Street, Balranald, NSW 2715, Tel: +61 4 0726 7087, E-Mail: info@outbackgeoadventures.com.au, www.mungonationalparktours.com

Achtung: Die gesamte Region ist Outback mit aridem, teils wüstenähnlichem Klima. Das heißt, im Sommer können die Temperaturen tagsüber auf über 40 Grad ansteigen. Die Wintermonate empfehlen sich deswegen eher für einen Besuch. Bei Wanderungen gilt: Immer ausreichend Wasser und Sonnenschutz mitführen und gegebenenfalls beim Besucherzentrum oder Gastgeber Bescheid geben, was man plant.

Unterkünfte:

- *Mungo Lodge*, Unterkünfte in unterschiedlichen Preisklassen, 10142 Arumpo Road, Arumpo, Victoria 3500, Tel: +61 3 5029 7297, mungolodge.com.au
- *Mungo Shearers' Quarters*, authentische Unterkunft mitten im Park, Toiletten und Duschen müssen geteilt werden, Buronga NPWS Office, Tel: +61 3 5021 8900, E-Mail: npws.lowerdarling@environment.nsw.gov.au, www.nationalparks.nsw.gov.au/camping-and-accommodation/accommodation/mungo-shearers-quarters

44. Millthorpe: Historisches Juwel in der Farmlandschaft

Dreieinhalb Stunden Fahrt von Sydney ins Landesinnere und man ist im historischen Dorf Millthorpe. Nach der dramatischen Landschaft der Blue Mountains erinnert die Farmlandschaft in der Region Millthorpes an die Landschaftsmalerei des deutschen Malers Hans Heysen, der selbst in South Australia lebte.

Ein Wochenende in Millthorpe ist gut für Geist und Seele. Das historische Dorf, etwa eine halbe Stunde von Bathurst bzw. Orange entfernt, liegt idyllisch und ist von Feldern, Wiesen und Weinbergen umgeben. Auch eine Trüffelproduktion hat sich angesiedelt. Lange Spaziergänge, Weinproben und leckeres Essen gehören zu einem Stopp dazu.

Das Zentrum von Millthorpe heute ...

Millthorpe selbst besteht aus historischen Häusern und Cottages, in die heute kleine Geschäfte, Cafés und Restaurants eingezogen sind. Viele lokale Künstler wohnen hier, die Atmosphäre ist entspannt, die Leute freundlich. Ein Schild in der Ortsmitte zeigt den Ort um 1920. Außer dass die Straßen heute geteert oder mit Kopfsteinpflaster belegt sind und Autos statt Pferdekutschen fahren, hat sich nicht viel verändert. Man fühlt sich schnell in die Zeit der Pioniere zurückversetzt, Handys und Laptops scheinen hier fehl am Platz.

Der kleine Ort, in dem etwa 700 Leute leben, lässt sich in 30 bis 40 Minuten erkunden. Der Village/Country Walk ist drei Kilometer lang und startet an der Park Street. Es geht vorbei an dem schönen historischen Schulgebäude, am Museum und der Feuerwehr bis zum Redmond Oval, den Kirchen im Ort und dem Friedhof, in dem auch John Lister, einer der Pioniere des Goldrausches, begraben liegt. Besonders schön ist der Blick von der höchsten Stelle im Friedhof bis hin zum Mount Canobolas. Über die Richards Lane geht es links herum zur Crowson Street, zur Great Western Mill an der Eisenbahnlinie bis zur Victoria Street und der Grand Western Lodge, den Geschäften, Cafés und Restaurants in der Pym Street.

... und damals

Die historische Schule in Millthorpe

Während es unter der Woche ruhig und fast verlassen ist, erwacht das Dorf, das an ein lebendiges Museum erinnert, am Wochenende zum Leben: Weinliebhaber können bei dem einen oder anderen Winzer einkehren, beispielsweise bei Angullong Wines (The Old Bluestone Stables, Victoria Street, www.angullong.com.au) und Slow Wine Co (25 Victoria Street, www.slowwineco.com.au), die beide eine Weinprobe in Millthorpe anbieten.

Auch kulinarisch ist für jeden etwas dabei: Vom Eckkiosk, der neben Zeitungen und Zeitschriften auch leckere Burger verkauft, über Cafés mit köstlichen Backwaren (z. B. The Old Mill Café and Restaurant, Pym Street, theoldmillcafe.com.au) bis hin zu einem edlen Restaurant (Tonic, Victoria Street, tonicmillthorpe.com.au), das regelmäßig mit Preisen überhäuft wird, ist alles vertreten.

Leckere Köstlichkeiten

Info

Lage: Millthorpe ist im Inland von New South Wales und per Auto 3,5 Std. von Sydney oder Canberra entfernt. 30 Min. sind es von hier in den größeren Ort Bathurst und 20 Min. bis nach Orange.

Anfahrt: Von Sydney aus fährt man durch die eindrucksvolle Landschaft der Blue Mountains immer in Richtung Orange, zunächst auf der Autobahn M4 in Richtung Blue Mountains und dann weiter auf dem Great Western Hwy (A32). Nach Bathurst auf dem Mitchell Highway in Richtung Orange bleiben, bis es links abgeht in die Millthorpe Road, die einen direkt in die Ortschaft bringt. Im nahe gelegenen Orange ist auch ein kleiner Flughafen, den regionale Fluglinien anfliegen (www.rex.com.au).

Öffnungszeiten: Immer – viele Einkaufsläden und manche der Restaurants sind jedoch nur von Donnerstag bis Sonntag geöffnet.

Aktivitäten: Wer noch tiefer in die Geschichte des kleinen Millthorpes eintauchen will, für den ist ein Besuch im Golden Memories Museum genau richtig. Die historischen Gebäude versetzen einen zurück in die Zeit der Pioniere, Goldsammler und die Anfänge der Farmwirtschaft. Museumsstücke aus dem viktorianischen Zeitalter und der edwardianischen Epoche, eine Pistole und eine Spitzhacke, die dem Gold-Pionier John Lister gehörten und auch Waffen der lokalen Aborigine-Bevölkerung (Wiradjuri) sind ausgestellt.
- *Golden Memories Museum*, 37 Park Street, Millthorpe, NSW 2798, Tel: + 61 2 6366 3980, E-Mail: millthorpemuseum@gmail.com, www.millthorpemuseum.com

Unterkünfte:
- *Millthorpe Motel*, Gäste können zwischen Apartments, verschiedenen Zimmerkategorien und Familienzimmern wählen, 26 Victoria Street, Millthorpe, NSW 2798, Tel: + 61 2 6366 3653, E-Mail: reception@millthorpemotel.com.au, www.millthorpemotel.com.au
- *PYM23*, geräumiges Cottage, für 2 bis 6 Personen, mit kleiner Küche, direkt im Ort gelegen, 23 Pym Street, Millthorpe, NSW 2798, Tel: + 61 4 1497 1258, E-Mail: mary@millthorpeblue.com.au, www.pym23.com.au
- *Gleneagles Cottage+Cabin*, Urlaub auf einer früheren Farm, mit Tennisplatz und Pool, Hunden, Hühnern und einem Schaf, 4 km von Millthorpe entfernt, für bis zu 6 Personen, mit kleiner Küche, 386 Pretty Plains Road, Millthorpe, NSW 2798, Tel: + 61 4 2769 7776, E-Mail: lesleyamorris@bigpond.com, www.facebook.com/gleneaglescottage.com.au

45. Canowindra: Ab in die Luft

Canowindra gilt als die Ballonhauptstadt Australiens. Nirgendwo sind die Winde günstiger, um in die Lüfte zu steigen und die faszinierend karge Landschaft im Inland aus der Luft zu bewundern. Canowindra ist aber auch aus naturhistorischer Hinsicht ein spannender Ort: Im Museum sind 360 Millionen Jahre alte Fossilien bizarrer Fische ausgestellt.

Canowindra ist etwas über 300 Kilometer oder viereinhalb Stunden Fahrt westlich von Sydney gelegen. Die Fahrt führt einen direkt durch die Blue Mountains – sodass sich auch ein Stopp im Nationalpark der Blauen Berge anbietet.

Canowindra ist nicht umsonst zur australischen „Hauptstadt der Heißluftballons" gekürt geworden – die Region zeichnet sich durch die ideale Kombination aus sanften Brisen, ausgezeichneter Thermik und einer guten Infrastruktur aus, mit deren Hilfe die Ballons nach der Landung wieder leicht zu erreichen sind.

Die Stadt selbst hat ein wenig Wild West-Flair. Es lohnt, sich in die koloniale Geschichte von Canowindra einzulesen und damit mehr über das historische Stadtbild zu erfahren. Nicht vergessen darf man dabei die

Ballon-Festival

Geschichte des *bushranger* Ben Hall, der den Ort 1863 zweimal mit seiner Bande überfallen hat. In der Stadt zwangen die Räuber die Bewohner und den örtlichen Polizisten in das Robinson's Hotel und nötigten sie, eine improvisierte Party zu feiern. Eine bizarre Geschichte!

Doch nicht nur die Kolonialgeschichte der Ortes ist faszinierend. Auch das Age of Fishes Museum (129 Gaskill Street, Tel.: +61 2 6344 1008, www.ageoffishes.org.au) lässt einen in die Geschichte eintauchen, in diesem Fall in die Erdgeschichte – noch bevor Dinosaurier auf der Erde wandelten. Zu sehen sind beispielsweise 360 Millionen Jahre alte Fossilien bizarrer Fische mit krokodilartigen Kiefern und Panzern, die erstmals in den 1950er-Jahren in Canowindra entdeckt wurden.

Info

Lage: Canowindra ist 4,5 Std. Autofahrt oder rund 300 km westlich von Sydney gelegen. Die Strecke führt direkt durch die Blue Mountains, die sich für einen Zwischenstopp anbieten.

Anfahrt:
- Von Sydney aus geht es über die M4 in Richtung Blue Mountains. Der Great Western Highway (A32) führt einen durch die Blauen Berge bis zum Mid Western Highway (A41), der nach Bathurst abgeht, und einen über Mandurama direkt nach Canowindra führt.
- Möglich wäre auch, mit der regionalen Fluglinie Rex (www.rex.com.au) nach Bathurst oder Orange zu fliegen und ein Auto zu mieten oder mit dem Bus weiterzufahren, wobei man zeitlich nicht viel dadurch gewinnt.

Aktivitäten: Nach Canowindra kommt man wegen des Ballonfahrens. Zwei Anbieter zur Auswahl:
- *Aussie Balloontrek*, 125 Tilga Street, Canowindra, NSW 2804, Tel: +61 2 6361 2552, E-Mail: vk2aln@hotmail.com, www.aussieballoontrek.com.au
- *Balloon Joy Flights*, 752 Longs Corner Road, Canowindra, NSW 2804, Tel: +61 2 6344 1819, E-Mail: flyingwinejan@gmail.com, www.balloonjoyflights.com.au

Unterkünfte:
- *Marlow House*, rustikale Unterkunft, die einem alten „Queenslander“ ähnelt, mit schönem Garten und Blick, Rodd Street, Canowindra NSW 2804, Tel: +61 4 0863 7518, E-Mail: info@marlowhouse.com.au, www.marlowhouseaccommodation.com

46. Snowy Mountains: Den höchsten Berg Australiens erklettern

Auf vielen Kontinenten ist es für den Normalbürger ein Ding der Unmöglichkeit, den höchsten Berg zu besteigen. Nicht so in Australien! Der Mount Kosciuszko ist mit 2228 Metern gut machbar und ein echter Fall für die *bucket list*. Die Snowy Mountains, wie die Region auch genannt wird, sind im Winter auch bei Skifahrern beliebt.

Die Snowy Mountains sind eine herrlich wildromantische Region, die vor allem im Frühjahr und Herbst besonders reizvoll ist. Im Winter ist die Region auch eine beliebtes Skigebiet für die Australier. Die vier Skiresorts – Perisher Valley, Thredbo, Charlotte Pass und Selwyn Snow Resort – sind dann aber meist gut besucht, die Preise sehr hoch und für den, der europäische Skigebiete gewöhnt ist, unter Umständen auch ein wenig enttäuschend.

Blühende Hänge in den Snowy Mountains

Den Mount Kosciuszko besteigt man zudem besser, wenn kein oder nicht mehr so viel Schnee liegt. Der fast zwei Kilometer lange Kosciuszko Express-Sessellift (9 bis 16:30 Uhr), der Skifahrer im Winter zu den Pisten bringt, transportiert Wanderer im Sommer in rund 15 Minuten auch zum besten Aufstiegspunkt, um den Mount Kosciuszko zu erklettern.

Morgenstimmung in den Snowy Mountains

Gebirgsbach

Insgesamt ist die gesamte Wanderung 13 Kilometer lang, erfordert ein gutes Fitnesslevel und dauert etwa fünf Stunden. Ganz Ehrgeizige können auch den Merritts Nature Track von Thredbo bis zur Endstation des Sessellifts hinauflaufen. Diese vier Kilometer lange Strecke ist jedoch schwierig und dauert weitere zwei bis drei Stunden.

Besonders reizvoll sind während der Wanderung die Granitfelsen der alpinen Landschaft und im Frühjahr die unzähligen Wildblumen. Der Weg überquert das Quellgebiet des Snowy River, bevor er über den Lake Cootapatamba und weiter zum Rawson Pass aufsteigt. Von hier aus geht es dann direkt zum Gipfel des Kosciuszko, von wo aus man eine herrliche Aussicht über die gesamte Region hat.

Wer aber doch im Winter anreist, um Schnee in Australien zu sehen, der sollte wissen: Skifahren ist in Australien relativ teuer. Für alle, die sich den Spaß trotzdem auch auf der Südhalbkugel gönnen wollen, hier ein paar Fakten: Winter ist in Australien von Anfang Juni bis Ende August. Perisher ist das größte Skiresort der Südhalbkugel, in Thredbo sind die längsten Pisten Australiens, Charlotte Pass ist das höchstgelegene Resort des Kontinents und das Selwyn Snow Resort eignet sich am besten für Familien und Anfänger. Thredbo beispielsweise hat seit 2018 das Schlittenfahren

Brumbies

aus Sicherheitsgründen verboten – etwas, das eine große Diskussion im sonst kinderfreundlichen Australien ausgelöst hat.

Ebenfalls kontrovers diskutiert wurde 2018 das Schicksal der Wildpferde – der berühmten Brumbies – im Nationalpark. Die Wildpferde haben sich inzwischen so im Park ausgebreitet, dass sie dessen Ökosystem gefährden. Doch einen Großteil der Pferde zu töten, stieß auch auf großen Widerstand. Eine Lösung für das Dilemma steht derzeit noch aus.

Info

Lage: Knapp 500 km südwestlich von Sydney oder etwa 5,5 Std. Fahrt entfernt ist die Region der Snowy Mountains. Von Canberra aus sind es nur etwa 2,5 Std. oder etwas über 200 km.

Anfahrt:
- Die Region ist von Sydney aus über den Hume Highway (M31) erreichbar. Nach Goulburn geht es auf dem Federal Highway (M23) in Richtung Canberra, das man dann jedoch links liegen lässt, um auf dem Monaro Highway (B31), der später in die Kosciuszko Road übergeht, bis zu den Snowy Mountains zu fahren.
- In den Snowy Mountains oder besser gesagt in Cooma ist auch ein regionaler Flughafen, der regelmäßig über die Fluglinie Rex (www.rex.com.au) angeflogen wird.

Öffnungszeiten: Der Kosciuszko Express-Sessellift ist von 9 bis 16:30 Uhr geöffnet.

***Achtung*:** Im Winter sollte man den Aufstieg zum höchsten Berg Australiens eher nicht wagen. In den anderen Jahreszeiten gilt: Wettervorhersage im Auge behalten, Einheimische über die Pläne informieren, warme Kleidung und Sonnenschutz dabei haben, geschlossene, feste Schuhe tragen und Wasser und Verpflegung mitbringen.

Öffnungszeiten: Der Eintritt zum Nationalpark kostet im Winter 29 AUD pro Auto und Tag und im restlichen Jahr 17 AUD. Der Sessellift kostet für Erwachsene 39 AUD und für Kinder 21 AUD (Tageskarte).

Aktivitäten: Die Yarrangobilly Caves (siehe Tipp 16, Seite 84) lassen sich gut von hier aus besuchen.

Unterkünfte:
- *Lake Crackenback Resort*, noch vor dem eher touristischen Thredbo in herrlicher Lage an einem See gelegen, 1650 Alpine Way, Crackenback, NSW 2627, Tel: +61 2 6451 3000, E-Mail: reservations@lakecrackenback.com.au, www.lakecrackenback.com.au

Inseln

47. Aussteiger-Feeling auf Scotland Island
48. Montague Island: Tiersafari auf der Felseninsel
49. Lord Howe Island: Südseetraum
50. Norfolk Island: Weit weg im Pazifik

Lord Howe Island aus der Luft

NEUKALEDONIEN
Korallenmeer
Bundaberg
Südpazifischer Ozean
Brisbane
AUSTRALIEN
50. Norfolk Island
Tamworth
49. Lord Howe Island
47. Scotland Island
Sydney
48. Montague Island
Bega
Tasmanische See
NEUSEELAND

47. Aussteiger-Feeling auf Scotland Island

Im Mündungsgebiet Pittwater im Norden von Sydney liegt die kleine Insel Scotland Island, die selbst viele Einheimische nicht kennen. Hier wohnen rund 1000 Aussteiger, die dem hektischen Stadtleben entflohen sind und ihre ganz eigene *community* aufgebaut haben. Ein kurze Fährfahrt und man ist fern von allem, obwohl die Millionenmetropole doch so nah ist.

Scotland Island ist nicht jedermanns Sache. Das vorab. Die kleine Insel im Mündungsgebiet Pittwater ist kein typisches Ausflugsziel, das man an einem Sonntagnachmittag besucht. Hier gibt es nur wenige Wege und keine Cafés, Restaurants oder Geschäfte (das bedeutet, man muss alle Lebensmittel mitbringen!). Scotland Island ist ein Aussteigerparadies. Rund 1000 Menschen leben hier und der Charme der Insel ist das Wegsein von allem. Ein Besuch lohnt, wenn man ein Haus mietet oder ein Zimmer in der einzigen Pension der Insel und einfach die Füße hochlegt und die Einsamkeit und den Blick aufs Wasser genießt.

Aussteigeratmosphäre auf Scotland Island

Das Mündungsgebiet Pittwater ist herrlich, um zum Beispiel Kajak zu fahren, und Scotland Island eignet sich bestens für eine Inselumrundung. Allein die kurze Fährfahrt von Church Point am Festland ist ein nettes Erlebnis. Auf der Insel gibt es gleich mehrere Fähranleger, die zum Beispiel Tennis oder Bells heißen. Bei Tennis befinden sich ein Spielplatz und ein kleiner Park, bei Bells gibt es einen kleinen Uferstreifen mit Bank, und im Bootshäuschen am Anleger haben die Anwohner eine kleine Bibliothek eingerichtet.

Am Fähranleger ist eine kleine Gemeinschaftsbibliothek.

Scotland Islands Charme ist, dass schon mit der Überfahrt alles plötzlich langsamer läuft. Der Fährmann hält gerne ein Schwätzchen, die Leute auf dem Boot plaudern miteinander, auch auf der Insel grüßen sich alle. In Teilen ist die Insel so mit Buschland überwachsen, dass man sich schwer tut, die Häuser im Inneren der Insel zu erkennen. Manche sind auch in alter Aussteigermanier weniger gepflegt, andere sind dafür eindeutig die schicken Wochenendhäuser einiger reicher Sydneysider, die am Wochenende ihre Ruhe vom Getümmel an den Stränden und in der Stadt haben wollen.

Direkt nach der Ankunft der Briten Ende des 18. Jahrhunderts waren Scotland Island und die Region Pittwater ein gefährliches Pflaster mit Piraten, Rumschmugglern und *bushranger*. Erst als ab 1810 Land an freie Siedler und begnadigte Sträflinge vergeben wurde, wurde das Land teilweise

Fähre nach Scotland Island

gerodet, Felder kultiviert und Bauernhöfe siedelten sich an. Heute ist die Region Ausflugsziel der Sydneysider und Wohnort für all diejenigen, die lieber ein wenig mehr Ruhe und Erholung haben, als stadtnah zu leben.

Info

Lage: Pittwater ist im Norden von Sydney und Church Point ist in etwa 50 Min. mit dem Auto von der Innenstadt erreichbar. Eine regelmäßige Fähre (churchpointferryservice.com) bringt einen von hier in wenigen Minuten nach Scotland Island.

Anfahrt: Für den Besuch in Pittwater lohnt ein Auto. Von Sydney aus über die Harbour Bridge in Richtung Manly fahren. Immer der Military und später der Spit und Manly Road folgen, die automatisch ineinander übergehen. Bei der Abbiegung nach Manly diese rechts liegen lassen und auf der Burnt Bridge Creek Deviation, die später in die Condamine Street übergeht, weiter in Richtung Norden fahren. Ab dem Stadtteil Brookvale geht diese Straße wieder automatisch in die Pittwater Road über, die einen durch die Stadtteile Dee Why, Narrabeen und Mona Vale führt. Von dort geht es schließlich links ab (gleich nach der Mona Vale Road). Der Straßenname Pittwater Road bleibt erhalten. Von hier aus führt einen die Straße (später McCarr's Creek Road) am Wasser entlang bis nach Church Point (gleiche Anfahrt wie in den Ku-ring-gai National Park, der nur etwa zehn Minuten von hier entfernt ist).

Öffnungszeiten: Auf die Fährzeiten achten!

Eintritt: Nur die Kosten für die Fähre, die derzeit knapp 50 AUD für eine vierköpfige Familie betragen. Einzelticket Hin- und Rückfahrt: 15 AUD.

***Achtung*:** Auf der Insel gibt es keine Geschäfte oder Cafés: Die Verpflegung muss mitgebracht werden. Am Fähranleger in Church Point gibt es aber ein Café/Restaurant, wo man auch Lebensmittel kaufen kann. Der Parkplatz an Church Point ist notorisch überfüllt. Frühzeitig anreisen!

Unterkünfte:

- *Scotland Island Lodge*, die Inselbewohner Rosemary und Colin kümmern sich in dieser Frühstückspension mit viel Hingabe um „Aussteiger auf Zeit", 2 Kevin Avenue, Scotland Island, NSW 2105 oder Postanschrift PO Box 443, Church Point, NSW 2105, Tel: +61 2 9979 3301, E-Mail: info@scotlandislandlodge.com.au, www.scotlandislandlodge.com.au
- Häuser können gebucht werden unter: www.stayz.com.au

48. Montague Island: Tiersafari auf der Felseninsel

Fünf Stunden Fahrt von Sydney und drei Stunden von Canberra entfernt liegt der kleine Küstenort Narooma im Süden von New South Wales. Narooma ist Ausgangsort für Touren nach Montague Island, einem der spektakulärsten Tiererlebnisse des Bundesstaates.

Von Sydney aus ist allein die Anfahrt nach Narooma schon ein Erlebnis. Denn immer wieder eröffnen sich wunderschöne Ausblicke auf die vielfältige Landschaft der Südküste und den teils ungestümen Pazifik.

Narooma ist einer der kleinen Orte direkt an der Küste, neun Kilometer von Montague Island entfernt. Von hier starten die organisierten Touren, die Besucher auf die „Insel der Tiere" führen.

Sonnenuntergang über Narooma. Von hier starten Touren nach Montague Island.

Früher nutzten bereits die lokalen Aborigines die Insel (die sie Barunguba nannten) intensiv, denn hier gab es schon immer Nahrung in Hülle und Fülle. Die Insel war für die Ureinwohner zudem eine Stätte für Zeremonien: Hier wurden beispielsweise junge Männer ins Erwachsenensein initiiert. Wer mit offenen Augen über die Insel geht, kann noch heute einige Artefakte entdecken und vor allem *midden*, Muschelmüllhalden, die die Ureinwohner nach Mahlzeiten zurückgelassen haben.

Kleiner Zwergpinguin

Als die Briten die Insel für sich entdeckten und Ziegen, Hasen und Mäuse zur Insel brachten, richteten sie jedoch schwere Schäden in dem bis dahin ungestörten Ökosystem an, die erst in der jüngeren Vergangenheit wieder behoben werden konnten. Etwas Gutes hinterließen die Briten der Insel jedoch auch und das ist der historische Leuchtturm, dessen Nebengebäude heute Reisenden Unterschlupf bieten.

Wer also das Abenteuer und auch die Einsamkeit der Insel nicht scheut, der kann sogar einige Nächte direkt auf der Insel übernachten – im historischen Quartier der einstigen Leuchtturmwärter. Engagierte Urlauber können sich dabei sogar am Tierschutz beteiligen und Pinguine überwachen.

Seebär

Letztere sind häufig gesehene Bewohner der Insel – bis zu 8000 Paare leben hier – die größte Kolonie von New South Wales mit Nestern, die auf der gesamten Insel verstreut sind. Besucher können zum Beispiel von einer beleuchteten Plattform aus beobachten, wie sie jeden Abend zur Dämmerung aus dem Wasser auftauchen und langsam und gemächlich auf wackeligen Beinen zu ihren Nestern trotten.

Überhaupt ist die Insel eines der nach wie vor unberührten Tierparadiese des Bundesstaates New South Wales. Neben den kleinen Zwergpinguinen sind Seebären, die sich auf den Felsen und im Meer um die Insel tummeln, eine der Hauptattraktionen. Am besten kann man die Tiere vom Boot aus am nördlichen Ende der Insel sehen. Häufig werden am Ende des Winters und zu Beginn des Frühlings über 1000 Tiere gezählt, wobei die Zahlen zum Ende des Sommers stark variieren können. Zwei Arten von Seebären

Montague Island ist ein felsiges Tierparadies.

nennen die Insel permanent ihr Zuhause: Der Australische Seebär (Arctocephalus pusillus doriferus) sowie der Neuseeländische Seebär (Arctocephalus fosteri).

Im Meer können Schnorchler und Taucher auch Delfine, von Mai bis November Buckelwale und in unregelmäßigen Abständen sogar Orcas beobachten. Ebenfalls recht häufig werden Mondfische (Mola Mola) im Wasser um die Insel gesichtet und auf den ersten Blick gerne mal mit Haien verwechselt, wenn sie ihre große Flosse aus dem Wasser strecken.

Hobby-Ornithologen können auf der Insel Meeresvögel und Greifvögel beobachten: neben den Zwergpinguinen gibt es beispielsweise Seeadler, dunkle Sturmtaucher, Habichte, Seeschwalben, Silberkopfmöwen, Weihen und Wanderfalken. Die Vögel fühlen sich auf der 82 Hektar großen Insel nicht zuletzt so wohl, weil sie außer ihresgleichen kaum Feinde haben. Denn auf Montague Island leben keine Schlangen oder Raubtiere, die ihnen gefährlich werden könnten.

Info

Lage: Der Küstenort Narooma ist 5 Std. südlich von Sydney und 3 Std. südöstlich von Australiens Hauptstadt Canberra entfernt. Montague Island liegt im Meer rund 9 km von Narooma entfernt.

Anfahrt:

- Von Sydney aus geht es über die M1 nach Wollongong und dann über die A1 immer in Richtung Süden (Kiama, Nowra, Ulladulla, Batemans Bay, Moruya) bis nach Narooma.
- Wer zeitknapp ist, kann mit der regionalen Fluglinie Rex (www.rex.com.au) von Sydney nach Moruya fliegen (tägliches Angebot). Vom Flughafen sind es 30 Min. mit dem Taxi oder Mietauto nach Narooma.
- Montague Island kann nur über eine organisierte Tour besucht werden und nicht mit einem privaten oder gemieteten Boot.

Öffnungszeiten: Grundsätzlich immer, doch die Anreise zur Insel ist natürlich vom Wetter abhängig und davon, wie stürmisch die See ist.

Eintritt: Da man die Insel selbst nicht ansteuern kann, muss man eine der Touren buchen, die im Durchschnitt um die 100 AUD pro Person kosten.

Aktivitäten:

- Von Narooma aus ist es auch nicht weit zu den historischen Dörfchen Tilba Tilba und Central Tilba sowie zum Gulaga (Mount Dromedary), ein erloschener Vulkan, der von großer Bedeutung für das lokale Aborigine-Volk ist.
- Neben einer Inselbesichtigung gibt es Touren, die Schnorcheln und Tauchen mit den Seebären anbieten sowie Abendtouren, um die kleinen Zwergpinguine an Land kommen zu sehen. All diese Erlebnisse sind wie erwähnt nur über eine gebuchte Tour möglich und nicht auf eigene Faust!
- *Island Charters Narooma*, Bluewater Drive, Narooma, NSW 2546, Tel: + 61 4 0842 8857, islandchartersnarooma.com.au
- *Narooma Charters*, 66 Princes Highway, Narooma, NSW 2546, Tel: + 61 4 0790 9111, E-Mail: bookings@naroomacharters.com.au, www.naroomacharters.com.au
- *Montague Island Tours*, Blue Water Drive, 1 Narooma Town Wharf, Narooma, NSW 2546, Tel: + 61 4 1231 2478, E-Mail: lighthousechartersnarooma@bigpond.com, montagueislandtours.com.au
- *Underwater Safaris*, Tauchtouren, Centenary Drive, Apex Park Boat Ramp, Narooma, NSW 2546, Tel: + 61 4 1580 5479, E-Mail: hello@underwatersafaris.com.au, underwatersafaris.com.au

Unterkünfte:

- Auf der Insel selbst gibt es kein Hotel, aber man kann in der renovierten Unterkunft des einstigen Leuchtturmwärters übernachten, die 1881 auf der Insel gebaut wurde. Die Unterkunft auf der Insel ist auf acht Schlafräume und maximal 18 Personen begrenzt.
- *Montague Island Lighthouse*, Schlafen in der historischen Unterkunft des Leuchtturmwärters, Tel: + 61 1 3000 72 757, E-Mail: parks.info@environment.nsw.gov.au, www.nationalparks.nsw.gov.au/visit-a-park/parks/montague-island-nature-reserve

Unterkünfte am Festland:

- *Amooran Oceanside Apartments & Motel*, mit Blick aufs Meer, verschiedene Zimmer- und Apartmentoptionen, 30 Montague Street, Narooma, NSW 2546, Tel: + 61 2 4476 2198, E-Mail: info@amooran.com.au, www.amooran.com.au

49. Lord Howe Island: Südseetraum

Zwei Stunden Flug von Brisbane oder Sydney gelegen ist Lord Howe. Die kleine Insel im Pazifik gehört zum Bundesstaat New South Wales und gleicht einem Südseeparadies. Kentia-Palmen und Banyanbäume verleihen dem Weltnaturerbe einen unvergleichlichen Charme.

Lord Howe Island ist ein kleines Paradies – daran besteht kein Zweifel. Doch das Paradies hat wie so häufig seinen Preis. Es dürfen nur maximal 400 Gäste die 350 Einwohner zur gleichen Zeit besuchen – eine Exklusivität, die natürlich auch die Preise in die Höhe treibt. Nicht verwunderlich ist deswegen vielleicht, dass sich auch eines der schönsten und luxuriösesten Hotels Australiens auf dem Eiland befindet. Die Rede ist von der Capella Lodge, ein Resort, das perfekt zur dramatischen Kulisse der Insel passt. Die Lodge befindet sich direkt über einem kleinen, abgelegenen Strand der Insel – Romantik pur – zu der auch der Name der Bucht passt – Lover's Bay. Von hier hat man einen wunderschönen Blick aufs Meer und die Markenzeichen der Insel, die Berge Mount Gower und Mount Lidgbird.

Capella Lodge

Ursprünglich ist Lord Howe der Überrest eines Vulkans. Dieser begann vor etwa sieben Millionen Jahren zu erodieren und damit zu schrumpfen. Heute ist nur noch ein Vierzigstel der ursprünglichen Größe übrig oder genauer gesagt etwa 14,5 Quadratkilometer. Rund zehn Kilometer lang differiert die Breite der Insel zwischen 300 Metern und zwei Kilometern.

Auf der Insel in der Tasman Sea, einem Stück Pazifik zwischen Australien und Neuseeland, scheint die Zeit ein wenig stehengeblieben zu sein. Handys funktionieren hier nicht – die großen Hotels und einige Hotspots bieten aber Internet an. Es gibt nur wenige Autos auf der Insel – die Geschwindigkeitsbegrenzung beträgt 25 km/h. Verkehrsdelikte oder andere Verbrechen sind selten auf der Insel – der einzige Polizist hat nicht viel zu tun.

Lord Howe Lookout

Offiziell gehört Lord Howe Island zum Bundesstaat New South Wales und damit zu Australien. Doch all das, was wir so typischerweise mit Australien verbinden, gibt es nicht. Hier hüpfen keine Kängurus durch den Busch, keine Koalas hängen an den Bäumen. Stattdessen bahnen sich hier die gefährdeten Woodhens oder auf deutsch Waldrallen pickend einen Weg durch die Landschaft. Auch die Aborigines haben es nie bis nach Lord Howe geschafft. Deswegen wurde die Insel relativ spät erst besiedelt: Britische Seeleute entdeckten sie erstmals 1788.

Lord Howe ist ideal zum Entspannen und ideal, um den Alltag mal ein paar Tage hinter sich zu lassen. Aber auch aktive Urlauber kommen auf der Insel auf ihre Kosten. Sie können wandern gehen – die Insel ist mit gut ausgebauten Spazier- und Radwegen überzogen – oder die Gewässer

Lord Howe aus der Luft

um die Insel erkunden. Das südlichst gelegene Korallenriff der Welt bietet eine enorme Vielfalt mit 500 Fisch- und 90 Korallenarten. Eines der bekanntesten Schnorchelziele ist Erscott's Hole, aber nicht verpassen sollte man auch Neds Beach und seine berühmten Königsmakrelen (Kingfish). Bootstouren führen zu vulkanischen Felsspitzen, die majestätisch aus dem Meer ragen wie die Admiralty Islands oder die Ball's Pyramid. An beiden Orten sind ebenfalls schöne Tauchspots. Und selbst Surfer kommen auf Lord Howe Island noch auf ihre Kosten: Für sie ist der beste Ort, um Wellen zu reiten, der Blinky Beach auf der Ostseite der Insel.

Wanderer auf Lord Howe Island

Info

Lage: Lord Howe Island ist etwa 600 km östlich vom australischen Festland gelegen, etwa auf Höhe von Port Macquarie, einem Ort an der Ostküste des Kontinents zwischen Sydney und Brisbane.

Anfahrt: Wer nicht direkt mit der eigenen Jacht anreist, der muss den Flieger nach Lord Howe nehmen. QantasLink bietet fast tägliche Flüge von Sydney und Wochenendflüge von Brisbane. Zwischen Februar und Juni bzw. September und Dezember kann man auch von Port Macquarie fliegen.

Öffnungszeiten: Immer – doch da die Insel nur 400 Gäste zur Zeit zulässt, sollte man frühzeitig buchen.

Aktivitäten:

- Eine schöne, aber relativ anstrengende Wandertour (8 bis 9 Std.) führt zum Mount Gower, von wo aus man einen herrlichen Rundblick auf den Mount Lidgbird und die Lagune hat. Für wen die Wanderung zu anspruchsvoll ist, der kann auch nur den Malabar Hill erklettern, von wo aus der Blick auf die Insel und das Meer ebenfalls schön ist.
- Boots- und Besichtigungstouren können über lokale Anbieter gebucht werden:
- *Greenback Marine Tours*, Schnochel-, Angel-, Kitesurfing- und Fototouren, 2 Skyline Drive, Lord Howe Island, NSW 2898, Tel: + 61 2 6563 2208, E-Mail: greenback@fishlordhowe.com.au, www.fishlordhowe.com.au
- *Chase 'n' Thyme Bus Tours*, 3,5 Std.-Tour über die Insel, Lord Howe Island, NSW 2898, Tel: + 61 2 6563 2247, E-Mail: chasenthyme@gmail.com, www.facebook.com/ChasenThymeLordHoweIsland/

Unterkünfte: Zimmer immer in Kombination mit einem Flug buchen, da Kontingente bei beidem sehr limitiert sind!

- *Pinetrees Lodge*, Familienhotel mit Frühstückspension oder Vollpension, 1 Lagoon Rd, Lord Howe Island, NSW 2898, Tel: + 61 2 9262 6585, E-Mail: info@pinetrees.com.au, www.pinetrees.com.au
- *Lorhiti Apartments*, 6 Einzimmer-Apartments mit exotischen Gärten (max. 2 Gäste pro Apartment, keine Kinder unter 10 Jahren), 78 Anderson Road, Lord Howe Island, NSW 2898, Tel: + 61 2 6563 2081, E-Mail: reservations@lorhiti.com, www.lorhiti.com
- *Capella Lodge*, exklusives Resort mit nur 9 Suiten, eigenem Restaurant und Spa – eines der schönsten Hotels Australiens, allerdings sehr teuer, Lagoon Road, Lord Howe Island, NSW 2898, Tel: +61 2 9918 4355, E-Mail: reserve@baillielodges.com.au, www.capellalodge.com.au

Webseite: www.lordhoweisland.info

50. Norfolkinsel: Weit weg im Pazifik

Die Norfolkinsel liegt rund 1500 Kilometer oder zweieinhalb Stunden Flug von Australien entfernt. Die felsige, subtropische Insel ist für ihre einsamen Strände, für ihr historisches Erbe und für die Norfolk-Tannen bekannt, das Symbol der Insel, das sich auch auf der Flagge wiederfindet. Der erste Europäer, der die Insel betrat, war 1774 kein geringerer als der britische Seefahrer James Cook.

Norfolktanne

Norfolk Island in einem Reiseführer über New South Wales aufzunehmen ist gewagt. Das Außenterritorium wird zwar offiziell von dem Bundesstaat mit Dienstleistungen versorgt und bei der Verwaltung der Insel unterstützt, doch die Insulaner selbst pochen auf ihre Eigenständigkeit. Sich in einem Reiseführer über New South Wales wiederzufinden, das würden viele von ihnen wohl entsetzt ablehnen. Zudem will der Bundesstaat selbst die widerspenstigen Insulaner auch gerne loswerden und die Verwaltung an das Australian Capital Territory, sprich Canberra, abtreten (Stand September 2018).

Der rebellische Unterton, der sich daraus erkennen lässt, ist kein Zufall. Die etwas über 1700 Einwohner haben die Meuterei im Blut, denn etwa 20 Prozent der Inselbewohner sind noch heute Nachfahren der „Bounty"-Meuterer. Die Geschichte begann einst 1789, als die heute berühmte Meuterei auf dem englischen Segelschiff „Bounty" stattfand, während derer sich Anführer Fletcher Christian zusammen mit acht Gefährten auf die winzige Insel Pitcairn flüchtete. Von Pitcairn Island siedelte die wachsende Nachkommenschaft auf Wunsch der britischen Krone 1856 schließlich nach Norfolk Island um. Noch heute heißen viele Einwohner Christian, McCoy und Adams mit Nachnamen und manche ältere Bewohner sprechen noch eine interessante, äußerst schwer verständliche Sprache („Norf'k"), die aus der Zeit auf Pitcairn überliefert wurde.

Vielleicht ist diese Abneigung gegenüber Australiern, die man auf Norfolk als Kolonialherren betrachtet, der Grund, warum die Insel selbst unter Australiern noch ein Geheimtipp ist. Dabei besticht Norfolk Island nicht nur durch ihre ganz besonderen Menschen, sondern auch durch ihre oftmals endemische Flora und Fauna, das milde subtropische Klima und die interessante Geschichte, die einen immer wieder auf der Insel einholt.

Kein geringerer als Kapitän Cook persönlich hatte sie im Oktober 1774 entdeckt und nach Lord Norfolk benannt. So begeistert war der britische Seefahrer von der kleinen Insel, dass Norfolk zur zweiten britischen Kolonie im Pazifik nach Sydney wurde. Lange bevor die Meuterer die Insel für sich einnahmen, war sie also bereits Sträflingskolonie. Spuren dieser vielfältigen Vergangenheit sind im Norfolk Island Museum (norfolkislandmuseum.com.au) in der Hauptstadt Kingston zu sehen oder in der Kingston and Arthurs Vale Historic Area (kavha.gov.au), wo man noch heute ein Gefühl für das Leben der Sträflinge bekommt, die die Insel bis etwa 1850 bevölkerten. Auch der Friedhof der Insel lohnt aufgrund der menschlichen Geschichten einen Besuch.

Die historische Hauptstadt Kingston

Obwohl das erwähnte Kingston offiziell die Hauptstadt der Insel ist und etliche sehenswerte historische Gebäude besitzt, ist der größere Ort, der auch touristisch mehr hergibt Burnt Pine. Insgesamt ist Norfolk Island klein und kompakt – die Fläche der Insel beträgt nicht einmal 35 Quadratkilometer – und trotzdem empfiehlt sich ein Mietauto, um all die sehenswerten Orte zu erkunden.

Denn die wunderschönen Buchten, Strände, Ausblicke und Nationalparks machen die Insel zu einem vielfältigen Urlaubsort. Die schönsten Buchten und Strände sind Anson Bay (über einen Wanderweg erreichbar, Schwimmen ist dort nicht empfehlenswert), das sich gut eignet, um einen Sonnenuntergang zu beobachten, sowie Slaughter Bay und Emily Bay. Beide

Emily Bay Lagoon

Strände eignen sich gut zum Schnorcheln (bei Ebbe) und Schwimmen. Ein kleiner Geheimtipp unter den Einheimischen ist Bumboras oder Bumby, das offiziell Creswell Bay heißt. Hier kann man angeln, schwimmen, surfen und bei Ebbe schnorcheln. Ein ähnlich idyllischer Ort ist Crystal Pool, das wie auch Bumby nur über eine ungeteerte Straße erreichbar ist. Vor allem Crystal Pool kann bei Flut aufgrund der hereinkommenden Wellen gefährlich sein und auch der Weg zum Pool selbst ist nicht ganz einfach. Am besten erkundigt man sich deswegen vorab beim Besucherzentrum, um die richtige Zeit und den Tidenhub für einen Besuch herauszufinden.

Moreton Bay Fig Trees auf Norfolk Island

Schöne Fotomotive bieten auch die gigantischen Moreton Bay Fig Trees (Feigenbäume an der Headstone Road), die über 200 Jahre alt sein sollen. Gleich gegenüber befindet sich das Headstone Reserve, von wo aus eine einfache und hübsche Buschwanderung startet. Weitere gute Fotomotive, nicht zuletzt die höchsten Farne der Welt, finden sich während Wanderungen im Norfolk Island National Park. Die besten Ausblicke gibt es von Mount Pitt und Mount Bates oder von der Plattform beim Kapitän Cook-Monument, das noch heute an den Entdecker der Insel erinnert.

Der Aussichtspunkt auf dem Gipfel des Mount Pitt ist mit dem Auto erreichbar und erlaubt einen 360-Grad-Rundblick auf die gesamte Insel. Von Mount Pitt aus starten nicht nur einige schöne Wanderungen (z. B.

zum Mount Bates, dem höchsten Punkt der Insel), der Lookout eignet sich auch, um den Sonnenauf- oder -untergang zu beobachten. Im Süden kann man von hier sogar bis zu den nahe gelegenen Inseln Phillip und Nepean sehen.

Phillip Island, nur sechs Kilometer südlich von Norfolk Island gelegen, besticht durch seine spektakulären Farbtöne, was einige dazu veranlasst hat, die Insel als „Uluru des Südpazifiks" zu bezeichnen. Die Insel selbst ist nicht leicht zu besuchen, eine Tour dorthin erfordert ein gewisses Fitnesslevel. Das Vogelparadies – auf dem es keinerlei Raubtiere gibt – bleibt vielleicht ohnehin besser ungestört von Besuchern.

Info

Lage: Norfolk Island ist rund 1500 km von Australien entfernt. Sie ist näher an Neuseeland als am australischen Kontinent gelegen.

Anfahrt: Aufgrund der Nähe zu Neuseeland fliegt auch Air New Zealand, z. B. von Auckland aus, die Insel an. Die australischen Verbindungen starten alle von Sydney oder Brisbane aus. Von hier aus ist man in etwa 2,5 Std. auf der Insel.

***Achtung*:** Das Straßennetzwerk umfasst etwa 80 km und ein Teil der Straßen ist ungeteert. Deswegen darf man nirgendwo schneller als 50 km/h fahren, oftmals sogar noch langsamer. Kühe haben übrigens immer Vorfahrt! Vorsicht gilt auch beim Baden und Schnorcheln. Immer auf den Tidenhub und die Empfehlungen der Einheimischen achten. Dafür gibt es auf Norfolk keine giftigen Schlangen wie am Festland!

Aktivitäten: Wer gerne Fischen geht, sollte definitiv eine Angeltour auf der Insel buchen. Die Fische, die selbst unerfahrene Fischer hier aus dem Meer ziehen, können sich sehen lassen.

- *Advance Fishing*, Tel: +672 3 23363, E-Mail: advancefishing@norfolk.nf, advancefishing.nf

Unterkünfte:

- *The Paradise Hotel*, hier kommt ein wahrhaft paradiesisches Inselgefühl auf, Queen Elizabeth Avenue, Burnt Pine, Norfolk Island, 2899, Tel: +672 3 22177, E-Mail: reservations@paradisehotelnorfolk.com, paradisehotelnorfolk.com
- *Castaway Norfolk Island*, renoviertes Hotel in guter Lage, Taylors Road, Burnt Pine, Norfolk Island, 2899, Tel: +672 3 22625, E-Mail: castawayhotel@ninet.nf, castawaynorfolkisland.com